STUDY PLAN SHEET

MY BEST

WEEKLY STUDY PLAN

テスト直前1週間でやることを整理しよう。
2週間前から取り組む場合は2列使おう。

Name of the Test [テスト名]

Test Period [テスト期間]

/ ~ /

JN042263

日勉強した累積時間分のマス目をぬろう。1マス10分。

Date	Subject To-Do List	Check
/ ( )		
/ ( )		
/ ( )		
/ ( )		
/ ( )		
/ ( )		
/ ( )		
/ ( )		

Daily Total
0分 10 20 30 40 50 60分
1 時間
2 時間
3 時間
4 時間
5 時間
6 時間

Daily Total
0分 10 20 30 40 50 60分
1 時間
2 時間
3 時間
4 時間
5 時間
6 時間

Daily Total
0分 10 20 30 40 50 60分
1 時間
2 時間
3 時間
4 時間
5 時間
6 時間

Daily Total
0分 10 20 30 40 50 60分
1 時間
2 時間
3 時間
4 時間
5 時間
6 時間

Daily Total
0分 10 20 30 40 50 60分
1 時間
2 時間
3 時間
4 時間
5 時間
6 時間

Daily Total
0分 10 20 30 40 50 60分
1 時間
2 時間
3 時間
4 時間
5 時間
6 時間

Daily Total
0分 10 20 30 40 50 60分
1 時間
2 時間
3 時間
4 時間
5 時間
6 時間

Daily Total
0分 10 20 30 40 50 60分
1 時間
2 時間
3 時間
4 時間
5 時間
6 時間

WEEKLY STUDY PL

Name of the Test [テスト名]

/ ( )
/ ( )
/ ( )
/ ( )
/ ( )
/ ( )

WEEKLY STUDY PLAN

Test Period ［テスト期間］

[/] ～ [/]

Name of the Test ［テスト名］

Test Period ［テスト期間］

[/] ～ [/]

Check

Date | **Subject To-Do List** | **Check**

🕐 **Daily Total**
0分 10 20 30 40 50 60分
1 時間
2 時間
3 時間
4 時間
5 時間
6 時間

/
( )

🕐 **Daily Total**
0分 10 20 30 40 50 60分
1 時間
2 時間
3 時間
4 時間
5 時間
6 時間

/
( )

🕐 **Daily Total**
0分 10 20 30 40 50 60分
1 時間
2 時間
3 時間
4 時間
5 時間
6 時間

/
( )

🕐 **Daily Total**
0分 10 20 30 40 50 60分
1 時間
2 時間
3 時間
4 時間
5 時間
6 時間

/
( )

🕐 **Daily Total**
0分 10 20 30 40 50 60分
1 時間
2 時間
3 時間
4 時間
5 時間
6 時間

/
( )

🕐 **Daily Total**
0分 10 20 30 40 50 60分
1 時間
2 時間
3 時間
4 時間
5 時間
6 時間

/
( )

🕐 **Daily Total**
0分 10 20 30 40 50 60分
1 時間
2 時間
3 時間
4 時間
5 時間
6 時間

/
( )

WEEKLY STUDY PLAN

テスト直前1週間でやることを整理しよう。
2週間前から取り組む場合は2列使おう。

Name of the Test [テスト名]

Test Period [テスト期間]

◻ ／ ◻ ~ ◻ ／ ◻

Date	Subject To-Do List	Check
／ ( )		
／ ( )		
／ ( )		
／ ( )		
／ ( )		
／ ( )		
／ ( )		

🕐 **Daily Total**
0分 10 20 30 40 50 60分
→1 時間
→2 時間
→3 時間
→4 時間
→5 時間
→6 時間

🕐 **Daily Total**
0分 10 20 30 40 50 60分
→1 時間
→2 時間
→3 時間
→4 時間
→5 時間
→6 時間

🕐 **Daily Total**
0分 10 20 30 40 50 60分
→1 時間
→2 時間
→3 時間
→4 時間
→5 時間
→6 時間

🕐 **Daily Total**
0分 10 20 30 40 50 60分
→1 時間
→2 時間
→3 時間
→4 時間
→5 時間
→6 時間

🕐 **Daily Total**
0分 10 20 30 40 50 60分
→1 時間
→2 時間
→3 時間
→4 時間
→5 時間
→6 時間

🕐 **Daily Total**
0分 10 20 30 40 50 60分
→1 時間
→2 時間
→3 時間
→4 時間
→5 時間
→6 時間

🕐 **Daily Total**
0分 10 20 30 40 50 60分
→1 時間
→2 時間
→3 時間
→4 時間
→5 時間
→6 時間

実際にその日勉強した累積時間分のマス目をぬろう。1マス10分。

WEEKLY STUDY PLAN

Name of the Test [テスト名]

Date	Subject To-Do List
／ ( )	
／ ( )	
／ ( )	
／ ( )	
／ ( )	
／ ( )	

WEEKLY STUDY PLAN

Test Period [テスト期間]

[/] ~ [/]

Check

Name of the Test [テスト名]

_____

Test Period [テスト期間]

[/] ~ [/]

Date	Subject To-Do List	Check
/ ( )		
/ ( )		
/ ( )		
/ ( )		
/ ( )		
/ ( )		
/ ( )		

🕐 **Daily Total**
0分 10 20 30 40 50 60分
1 時間
2 時間
3 時間
4 時間
5 時間
6 時間

MY BEST

毎日の勉強と定期テスト対策に

For Everyday Studies and Exam Prep for High School Students

よくわかる 高校 地理総合 問題集

Geography

監修

松永 謙

早稲田中学校・高等学校

Gakken

よくわかる
高校の勉強ガイド

中学までとのギャップに要注意!

中学までの勉強とは違い，**高校では学ぶボリュームが一気に増える**ので，テスト直前の一夜漬けではうまくいきません。部活との両立も中学以上に大変です!

また，高校では入試によって学力の近い人が多く集まっているため，中学までは成績上位だった人でも，初めての定期テストで予想以上に苦戦し，**中学までとのギャップ**にショックを受けてしまうことも…。しかし，そこであきらめず，勉強のやり方を見直していくことが重要です。

高3は超多忙!
高1・高2のうちから勉強しておくことが大事。

高2になると，**文系・理系クラスに分かれる**学校が多く，より現実的に志望校を考えるようになってきます。そして，高3になると，一気に受験モードに。

大学入試の一般選抜試験は，早い大学では高3の1月から始まるので，**高3では勉強できる期間は実質的に9か月程度しかありません。**おまけに，たくさんの模試を受けたり，志望校の過去問を解いたりなどの時間も必要です。高1・高2のうちから，計画的に基礎をかためていきましょう!

学校推薦型選抜・総合型選抜の入試も視野に入れておこう!

近年増加している学校推薦型選抜（旧・推薦入試）や総合型選抜（旧・AO入試）においては，**高1からの成績が重要になるため，毎回の定期テストや授業への積極的な取り組みを大事にしましょう。**また，小論文や大学入学共通テストなど，**学力を測るための審査**も必須となっているので，日頃から基礎的な学力をしっかりとつけていきましょう。

一般的な高校3年間のスケジュール

※3学期制の学校の一例です。くわしくは自分の学校のスケジュールを調べるようにしましょう。

学年	月	予定
高1	4月	●入学式　●部活動仮入部
	5月	●部活動本入部　●一学期中間テスト
	7月	●一学期期末テスト　●夏休み
	10月	●二学期中間テスト
	12月	●二学期期末テスト　●冬休み
	3月	●学年末テスト　●春休み
高2	4月	●文系・理系クラスに分かれる
	5月	●一学期中間テスト
	7月	●一学期期末テスト　●夏休み
	10月	●二学期中間テスト
	12月	●二学期期末テスト　●冬休み
	2月	●部活動引退（部活動によっては高3の夏頃まで継続）
	3月	●学年末テスト　●春休み
高3	5月	●一学期中間テスト
	7月	●一学期期末テスト　●夏休み
	9月	●総合型選抜出願開始
	10月	●大学入学共通テスト出願　●二学期中間テスト
	11月	●模試ラッシュ　●学校推薦型選抜出願・選考開始
	12月	●二学期期末テスト　●冬休み
	1月	●私立大学一般選抜出願　●大学入学共通テスト　●国公立大学二次試験出願
	2月	●私立大学一般選抜試験　●国公立大学二次試験（前期日程）
	3月	●卒業　●国公立大学二次試験（後期日程）

部活との
両立を
したいな

受験に向けて
基礎を
かためなきゃ

やることが
たくさんだな

Q

授業は聞いているのに
テストで点が取れない…。

A

問題集を活用して，テストでどう問われるのかを意識しよう。

　学校の定期テストでは，授業の内容の「理解度」をはかるための問題が出題されます。

　授業はきちんと聞いて，復習もしているにもかかわらず，テストで点が取れないという人には，問題演習が足りていないという場合が非常に多いです。問題演習は，授業の内容が「試験問題」の形式で問われた場合の予行演習です。これが足りていないと，点が取りづらくなります。

　日頃から，授業で習った単元を，問題集を活用して演習してみてください。そうすることで，定期テストの点数は飛躍的にアップしますよ。

Q

「解けた!」を実感したい。

A

普段から，インプットとアウトプットのサイクルをうまくつくろう。

　いざ問題演習を始めたものの，まったく問題が解けないと，「このまま演習を続けても意味がないのでは…」と不安になってしまうかもしれません。そんな場合には，教科書や授業中にとったノート，あるいは参考書に先に目を通してから，問題集を解いてみるのをおすすめします。

　問題を解くには，その前提となる「知識」を蓄える必要があります。まず「知識」をインプットし，「問題演習」でアウトプットする──このサイクルを意識して学習するのが成績アップの秘訣です。

　参考書と単元や学習内容が対応した問題集を使うと，インプットとアウトプットのサイクルをより効率的に行うことができますよ。

テスト範囲の勉強が
いつも間に合わなくなってしまう！

試験日から逆算した「学習計画」を練ろう。

　定期テストはテスト範囲の授業内容を正確に理解しているかを問うテストですから，よい点を取るには全範囲をまんべんなく学習していることが重要です。すなわち，試験日までに授業内容の復習と問題演習を全範囲終わらせる必要があるのです。

　そのためにも，がむしゃらに目の前の勉強を進めていくのではなく，「試験日から逆算した学習計画」を練るようにしましょう。

　本書の巻頭には，定期テストに向けた学習計画が作成できる「スタディプランシート」がついています。このシートを活用し，全体の進み具合をチェックしながら勉強していけば，毎回テスト範囲をしっかりカバーできますよ。

地理総合 の勉強のコツ Q&A

Q

地理総合の効率のよい勉強の仕方は?

A

図や資料への苦手意識をなくそう。

地理総合では, 地図やグラフ, 写真などから考察させる問題も少なくないです。ですが, そういった資料に苦手意識をもつ人も多いはずです。落ちついて読み取れば実は難しくないことが多いので, まずは読み取りに慣れるつもりで取り組んでみましょう。

Q

地名や都市名などは全部覚えなければダメですか?

A

覚えようとするのではなく,「なぜ・どうして」を考えよう。

地理総合では, 地名や都市名はそんなに多くありません。地名や都市名が出てきたときは, 必ず重要なポイントになっているはずです。暗記よりも,「なぜ・どうして」と疑問に思いながら, 図や地図帳で位置を確認するとよいでしょう。

Q

地理総合が得意になるためのコツは?

A

自分の日常生活と結びつけてみよう。

地理総合は, 例えば, 毎日の暑さや寒さ, スーパーで売っているものなど, 身近な日常に深く関わっています。そのため, 普段から学んだことを自分自身の日常生活と結びつけて考えてみるようにすると, 地理総合があっという間に得意になりますよ。

本書の使い方

本書の特色

1 地理総合の重要な問題をもれなく収録

本書は，令和4年度からの学習指導要領に対応した，地理総合で必要とされる重要な問題を精選してとりあげました。本書1冊で地理総合の基礎学力を身に付けることができます。

2 カラーで見やすく，わかりやすい

フルカラーで見やすくわかりやすい誌面です。
別冊の解答・解説は，取り外し可能で答え合わせもしやすくなっています。

3 「定期テスト対策問題」で試験対策も安心

各部末の「定期テスト対策問題」は，中間試験・期末試験に出やすい問題を100点満点のテスト形式で掲載してあります。試験前にやっておけば安心して試験に臨めます。また，「探究問題」は，探究的な理解を問う形式の問題ばかり集めていますので，多角的な視点を意識し，問いていきましょう。

本書の効果的な使い方

1 「重要ポイント」で要点はバッチリ

冒頭に重要な事項・用語・図をまとめてあります。しっかり覚えましょう。

2 段階別に効率よく学習しよう

問題は「基礎チェック問題」と「単元マスター問題」の2レベルに分かれています。まず基礎チェック問題を学習し，そのあと単元マスター問題に取りかかりましょう。

3 中間試験・期末試験の直前には 「定期テスト対策問題」をやろう

中間試験・期末試験の出題範囲がわかったら，その範囲の「定期テスト対策問題」で腕試しをしてみましょう。

「探究問題」で実際の出題にも慣れよう

　探究的な理解を問う形式のテストに慣れるために，「探究問題」にチャレンジしましょう。

参考書とセットでより効果的な活用を

　本書は参考書『MY BEST よくわかる 地理総合』の姉妹編として作成しています。本書を単独で使っても十分実力がつく構成となっており，参考書とあわせて活用すると，さらに効果的な学習をすることができます。

スタディプランシートの効果的な使い方

　本書の巻頭には，中間試験・期末試験に向けた学習計画が作成できるスタディプランシートがついています。本から切り離して使ってください。
① 　テスト前1週間になったら学習計画を作成します。テストの日までにやるべきことを箇条書きで書き出して整理しましょう。
② 　学習計画ができたら，机の前に貼ったり，デスクマットの下に置いたりして，いつも見えるようにしておきましょう。
③ 　計画どおりにできたら，リストの右側にチェックマークをつけましょう。学習が終わったら，学習時間に応じてDaily Total（毎日の合計学習時間）欄に色をぬりましょう。

▼ スタディプランシートの記入例

CONTENTS もくじ

「解答と解説」は
別冊になっています。

第1章 | 地球上の位置

STEP 1 | 重要ポイント

1 緯度と経度のしくみ

- **赤道の全周**…約4万km。
- **地軸の傾き**…地球の地軸が23.4度傾きながら太陽の周りを公転することで、太陽光の当たり方が変わり季節が生まれる。
- **緯度**…赤道を0度として、南北をそれぞれ90度ずつに分けたもの。同じ緯度の地点を結んだ線を緯線という。
- **経度**…本初子午線を0度として、東西をそれぞれ180度ずつに分けたもの。同じ経度の地点を結んだ線を経線（子午線）という。
- ①**回帰線**…北緯23.4度の北回帰線と、南緯23.4度の南回帰線がある。
- ②**北極圏**…北緯66.6度より高緯度。
- **南極圏**…南緯66.6度より高緯度。

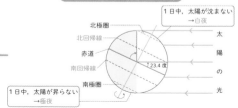

地軸の傾き（夏至の例）

①北回帰線は夏至、南回帰線は冬至の正午に太陽高度（南中高度）が90度になる。
②北半球が夏至の時期に、北極圏では1日中太陽が沈まない白夜、南極圏では1日中太陽が昇らない極夜となる。

2 時差のしくみ

- **時差**…経度15度で1時間の時差が生じる（360度÷24時間）。
- ③**時差の求め方**…経度差÷15で計算する。経度差は東経どうし、西経どうしの場合は引き算で、東経と西経の場合は足し算で求める。
- **GMT**…グリニッジ標準時。イギリスのロンドン郊外にある旧グリニッジ天文台を通る経線を④**本初子午線**（経度0度）としており、世界時刻の基準となっている。
- **日付変更線**…経度180度にほぼ沿って引かれた線。世界各地の日付を調整するために設けられている。日付変更線を西から東に越えると日付を1日戻し、東から西に越えると1日進める。
- ⑤**サマータイム制度**…夏季の日の長さを利用して、時刻を1時間程度進める制度。

世界の等時帯

(Diercke Weltatlas 2015)

③東経135度を標準時とする東京と西経75度を標準時とするニューヨークの経度差は、135＋75＝210度になる。
④本初子午線より東側は東経、西側は西経。
なお、日本は東経135度（兵庫県明石市）を標準時として定めている。
⑤欧米諸国で採用されており、消費電力の節約、余暇時間の充実などを図っている。

緯度と経度のしくみ

❶ 赤道の全周は約何 km か。 〔   〕

❷ 公転面に対しての地球の地軸の傾きは何度か。 〔   〕

❸ 旧グリニッジ天文台を通る経線を何というか。 〔   〕

❹ GMT は何の略称か。 〔   〕

❺ 北回帰線は北緯何度か。 〔   〕

❻ 緯度の基準となる，北極点と南極点の中間の地点を結んだ緯線を何とい
うか。 〔   〕

❼ 夏至の日に北極圏でみられる，太陽が1日中沈まない現象を何というか。 〔   〕

❽ 夏至の日に南極圏でみられる，太陽が1日中昇らない現象を何というか。 〔   〕

❾ 日本標準時は東経何度の時刻と定められているか。 〔   〕

時差のしくみ

❿ 経度何度で1時間の時差が生じるか。 〔   〕

⓫ 本初子午線と西経150度の経線を標準時とする地点の時差は何時間か。 〔   〕

⓬ 東京とロンドンの時差は何時間か。 〔   〕

⓭ 日付変更線を西から東に越えると，1日進むか，戻るか。 〔   〕

⓮ 夏季の日の長さを利用して，時刻を1時間程度進める制度を何というか。 〔   〕

1　緯度と経度のしくみ

次の図を参考にして，あとの問いに答えなさい。

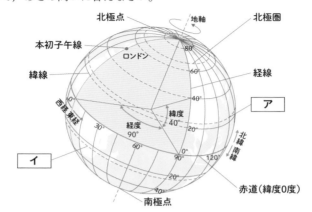

ミス注意 (1)　図中の　ア　と　イ　に当てはまる緯線の名称を答えなさい。

　　　　　　　　　　　　　　　　ア〔　　　　　　　　〕イ〔　　　　　　　　〕

よく出る (2)　次の文章の　カ　～　ケ　に当てはまる数字や語を答えなさい。

　地球は球状で，赤道の全周は約　カ　km である。また，地軸が　キ　度傾きながら太陽の周りを公転することで，季節が生じている。この影響によって北極圏では，夏至（毎年 6 月 21 日もしくは 22 日）には太陽が 1 日中沈まない　ク　が，冬至（毎年 12 月 21 日もしくは 22 日）には太陽が 1 日中昇らない　ケ　が見られる。

　　　　　　　　　　　　　　カ〔　　　　　　　　〕キ〔　　　　　　　　〕ク〔　　　　　　　　〕
　　　　　　　　　　　　　　ケ〔　　　　　　　　〕

2　本初子午線と日付変更線

本初子午線と日付変更線に関連する次の文章を読んで，あとの問いに答えなさい。

　北極点と南極点を結んだ縦の線を経線といい，旧　ア　天文台を通る経線（子午線）を本初子午線という。①この経線は世界時間の基準とされている。また，ほぼ　イ　度の経線に沿って引かれた②日付変更線によって日付を調整している。

(1)　ア　と　イ　に当てはまる語を答えなさい。

　　　　　　　　　　　　　　　　ア〔　　　　　　　　〕イ〔　　　　　　　　〕

(2)　下線部①の名称をアルファベット 3 文字で答えなさい。　　　　　　　　〔　　　　　　　　〕

(3)　下線部②に関連して，この線をまたがない限り，東に行くほど時間は進むか遅れるか，いずれかで答えなさい。　　　　　　　　　　　　　　　　　　　　　　　　　　　〔　　　　　　　　〕

3　時差のしくみ

次の図を参考にして，あとの問いに答えなさい。

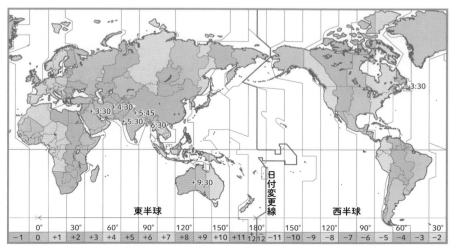

（Diercke Weltatlas 2015）

ミス注意 (1) 次の文章の　ア　～　エ　に当てはまる語を答えなさい。

経度0度の経線を　ア　といい，180度の経線にほぼ沿うように引かれた線を　イ　という。　イ　
を　ウ　側に越えると1日遅れ，　エ　側に越えると1日進む。

ア〔　　　　　　　　〕イ〔　　　　　　　　　　〕ウ〔　　　　　　　　　　　〕

エ〔　　　　　　　　〕

ミス注意 (2) 次の文章の　カ　と　キ　に当てはまる数字や語を答えなさい。

経度　カ　度で1時間の①時差が生じる。また，欧米諸国を中心に消費電力の節約や余暇の充実を
図る目的で，夏季の日の長さを利用して時刻を1時間程度進める　キ　制度が導入されている。

カ〔　　　　　　　　〕キ〔　　　　　　　　　　〕

(3) 日本とイギリスの時差は何時間か，答えなさい。

〔　　　　　　　　　　〕

発 展 (4) 次の文章の　サ　と　シ　に当てはまる数字や語を答えなさい。なお，　シ　は午前か午後か
も明らかにすること。

1月5日午後3時発の飛行機で東京からロサンゼルスの空港（西経120度の経線を標準時とする）ま
で，日付変更線を越えるルートを通って，10時間かけて行った場合，ロサンゼルスの空港には1月　サ
日　シ　時に到着する。

サ〔　　　　　　　　〕シ〔　　　　　　　　　　〕

| 第2章 | さまざまな地図

| STEP 1 | 重要ポイント

1 世界地図の図法

- **地球儀**…面積・距離・方位・角度のすべてをほぼ正確に表現できる。
- **メルカトル図法**…緯線・経線に対する角度を正しく表す正角図法，①等角航路を示すことが可能。
- **正距方位図法**…中心からの距離と方位を正しく表す図法で，②大圏航路を示すことが可能。
- **モルワイデ図法**（高緯度のひずみが小さい），**サンソン図法**（低緯度のひずみが小さい），③**ホモロサイン図法**など…面積が正しい正積図。

2 地図の種類

- **一般図**…地形や道路など地理情報を網羅した地形図などがある。
- **主題図**…特定の主題（テーマ）を強調した土地利用図や④統計地図などがある。
  - **絶対分布図**…ドットマップ，等値線図，図形表現図，流線図など。
  - **相対分布図**…階級区分図（コロプレスマップ），メッシュマップなど。

3 地形図の特徴

- **地形図**…5万分の1，2万5千分の1，1万分の1の縮尺がある。国土交通省に属する国土地理院が作成。近年では，デジタルデータ化した電子国土基本図が作成されている。
- **等高線**…同じ標高の地点を結んだ線。
- **地図記号**…地形図上で建物，田や畑などの土地利用，三角点，水準点などを表す際に用いられる記号。

【主な地図記号】

|| 田	∨ 畑	⚲ 果樹園
🏛 自然災害伝承碑	△52.6 三角点	□21.7 水準点

経線に対する角度が正しい地図
（メルカトル図法）

❶任意の2点を結んだ線と経線との角度が等しくなるように航海すると，目的地にたどり着く。
❷最短コースのことで，メルカトル図法では高緯度側に膨らみ，正距方位図法では直線で表現される。

中心からの距離と方位が正しい地図
（正距方位図法）

面積が正しい地図
（左：サンソン図法，右：モルワイデ図法）

❸グード図法ともよばれ，高緯度のひずみが小さいモルワイデ図法と低緯度のひずみが小さいサンソン図法を40度44分で接合して作成された。
❹地図と統計データを組み合わせて作成された主題図の1つで，絶対分布図と相対分布図がある。

STEP 2 基礎チェック問題

解答・解説は別冊 p.1

世界地図の図法

❶ 地球の面積・距離・方位・角度のすべてをほぼ正確に表した模型は何か。〔　　　　〕

❷ メルカトル図法は緯線と経線に対する何が正しい図法か。〔　　　　〕

❸ メルカトル図法上の任意の 2 点間を結ぶコースを何というか。〔　　　　〕

❹ 地図上での最短距離のコースを何というか。〔　　　　〕

❺ サンソン図法やモルワイデ図法が正しく表されるものは何か。〔　　　　〕

❻ サンソン図法の低緯度地方とモルワイデ図法の高緯度地方を 40 度 44 分で接合した図法を何というか。〔　　　　〕

地図の種類

❼ 地図と統計データを組み合わせて作成した地図を何というか。〔　　　　〕

❽ 地形図のように，地形や道路など地理情報を網羅した地図を何というか。〔　　　　〕

❾ ❼のうち，その地域の数量を点の多さで表した地図を何というか。〔　　　　〕

❿ ❼のうち，同じ値の地点を結んで線で表した地図を何というか。〔　　　　〕

⓫ ❼のうち，地域を等面積の網目状に区切り，色分けした地図を何というか。〔　　　　〕

地形図の特徴

⓬ 日本の地形図を発行している機関を何というか。〔　　　　〕

⓭ ⓬のサイトから閲覧できる，デジタルデータ化された地形図を何というか。〔　　　　〕

⓮ △の地図記号を何というか。〔　　　　〕

よく出る **1** 世界地図の図法

次の文章を読み，あとの問いに答えなさい。

球体である地球を平面に表現することは困難であり，面積・ ア ・角度・方位のすべてを同時に正しく表すことができるのは イ のみである。

等角航路を直線で示すことができる ウ 図法は航海図として利用された。

ウ 図法で任意の2点間を結んだ線を エ 航路といい，経線との角度が等しくなるように航海すれば目的地にたどり着ける。最短距離である オ 航路は， ウ 図法では高緯度側に膨らむ曲線として表現される。

面積を正しく表した図法として，正積図法がある。正積図法の1つであるホモロサイン図法（グード図法）は，低緯度のひずみが小さい カ 図法，高緯度のひずみが小さい キ 図法を用いており，この2つが接合されたものである。

(1) ア ～ キ に当てはまる語を答えなさい。

ア〔　　　　　　〕 イ〔　　　　　　〕 ウ〔　　　　　　〕
エ〔　　　　　　〕 オ〔　　　　　　〕 カ〔　　　　　　〕
キ〔　　　　　　〕

(2) ウ ・ カ ・ キ の図法を，次のA～Cからそれぞれ選びなさい。

A

B

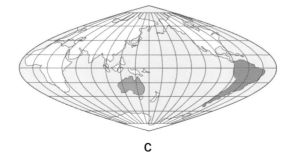

C

ウ〔　　　　　　〕 カ〔　　　　　　〕 キ〔　　　　　　〕

2 地図の種類

次の文章を読み，あとの問いに答えなさい。

地図は作成目的によって，地形や道路など地理情報を網羅した ア と，特定のテーマを強調した イ に分類できる。 イ には土地利用図や地図上に統計データを表現する ウ があり， ウ には図形表現図や階級区分図（コロプレスマップ）などがある。

(1)   ア ～ ウ に当てはまる語を答えなさい。

ア〔　　　　　　　　　〕 イ〔　　　　　　　　　〕 ウ〔　　　　　　　　　〕

(2) 下線部について，次のカ～ケの地図はA絶対分布図とB相対分布図のどちらになるか，それぞれ記号で答えなさい。

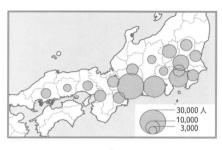

カ　　　　　　　　　　　　　　　　　キ

ク　　　　　　　　　　　　　　　　　ケ

カ〔　　　〕キ〔　　　〕ク〔　　　〕ケ〔　　　〕

3 地形図の特徴

次の文章を読み， ア と イ に当てはまる語や数字を答えなさい。

地形図では， ア によって表示される範囲や情報が異なる。 ア が25000分の1のものと50000分の1のものでは， イ 分の1のほうが，同じ範囲の場所で詳細な情報が表示される。

ア〔　　　　　　　　　〕 イ〔　　　　　　　　　〕

| STEP 1 | 重要ポイント

1 地理情報システムの特徴

- **地理情報システム（GIS）**…複数の地理情報をデータ化し，地図上に重ね合わせるシステム。国や地方自治体，企業が提供するWeb GISなどがある。
- **リモートセンシング**（遠隔探査）…人工衛星や飛行機，ドローンなどを用いて離れた場所から陸や海，大気などの状態を調べる。
- **GNSS（全球測位衛星システム，Global Navigation Satellite System）**…人工衛星を利用して，位置情報を得るしくみ。カーナビゲーションやスマートフォンの位置情報に利用される。アメリカ合衆国のGPS，日本のみちびき，ロシアのGLONASS，欧州連合のGalileoなどが代表的。

2 地理情報システムの応用

- **Web GIS**…地理院地図，e-Statなど。
  - **地理院地図**…国土地理院がインターネット上で公開している電子国土基本図。
  - **e-Stat（政府統計の総合窓口）**…日本の統計が閲覧できるウェブサイト。
  - **jSTAT MAP（地図で見る統計）**…地図上に統計データを表示することができる。統計地図の作成，地域分析，防災，施設整備，市場分析などさまざまな目的で利用される。

❶ Geographic Information Systemの略。視覚的に表示し，高度な分析や迅速な判断を可能にする技術。ハザードマップなどに応用される。

Web GIS で表示した地図の例

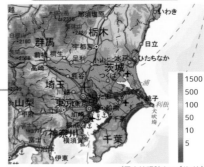

（国土地理院ウェブサイト）

❷ リモートセンシングは天気予報にも利用されており，日本では気象衛星「ひまわり」が観測に用いられている。

jSTAT MAP で表示した地図の例

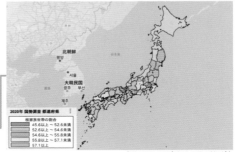

（jSTAT MAP〔地図で見る統計〕）

❸ 拡大・縮小，2地点間の距離や地点の標高が計測でき，地形断面図も表せる。

地理情報システムの特徴

❶ 地理情報を地図上に重ね合わせるシステムを，アルファベットで何というか。 〔 　　　　　 〕

❷ 地上から離れた所から人工衛星などを用いて観測する，遠隔探査ともよばれる技術をカタカナで何というか。 〔 　　　　　 〕

❸ ❷のうち，天気予報などの大規模な地表や大気のデータを取得する際に用いられているのは，飛行機，ドローン，人工衛星のうちどれか。 〔 　　　　　 〕

❹ 人工衛星を利用して位置情報を得るしくみの総称を，アルファベットで何というか。 〔 　　　　　 〕

❺ アメリカ合衆国の❹を，アルファベットで何というか。 〔 　　　　　 〕

❻ ❹を活用した例として，自動車に利用されているシステムを何というか。 〔 　　　　　 〕

❼ 国や地方自治体，企業などがインターネット上で提供している地理情報システムを，アルファベットで何というか。 〔 　　　　　 〕

❽ ❼の例として，災害による被害が予測される地域を示した地図を何というか。 〔 　　　　　 〕

地理情報システムの応用

❾ 国土地理院がインターネット上で公開している電子国土基本図をまとめて何というか。 〔 　　　　　 〕

❿ 国勢調査など，国が主体となって調査した政府の統計が閲覧できる，政府統計の総合窓口と呼ばれるウェブサイトを，アルファベットで何というか。 〔 　　　　　 〕

⓫ ❿の機能の一部として，日本の統計を利用して，統計地図の作成など地図での可視化ができる地理情報システムを，アルファベットで何というか。 〔 　　　　　 〕

よく出る　**1　地理情報システムの特徴**

次の文章を読み，あとの問いに答えなさい。

　コンピュータ上で複数の地理情報を地図上に重ね合わせて分析する　ア　は，災害による被害予測を地図で示した　イ　などに応用されている。また，地球および地域規模の情報を把握する手段として，人工衛星や飛行機などを用いた　ウ　が利用され，遠距離から地表や大気の状態を探査するのに活用されている。また，航空機や船舶などの航法支援システムとして，人工衛星を用いた全球測位衛星システム（　エ　）が開発され，現在では，自動車の　オ　システムなどに利用されている。

(1)　ア　～　オ　に当てはまる語を答えなさい。

ア〔　　　　　　　　〕イ〔　　　　　　　　　〕ウ〔　　　　　　　　　〕

エ〔　　　　　　　　〕オ〔　　　　　　　　　〕

(2)　下線部について，日本の気象衛星の名称をひらがなで答えなさい。　　〔　　　　　　　　〕

(3)　ア　を活用した身近な例として当てはまらないものを，次の**カ～ケ**から１つ選びなさい。

　カ　店のウェブサイトに載せられた，店の場所をイラストで描いた地図。

　キ　自治体から発行された，災害の被害予測が示された地図。

　ク　食べたい物をキーワードで検索すると，地図上に店舗が一覧表示されるグルメサイト上の地図。

　ケ　目的地を入力すると，最短距離や推定到着時刻を提示する地図アプリ。

　　　　　　　　　　　　　　　　　　　　　　　　　　　　　　　　〔　　　　　〕

(4)　次の衛星画像から読み取れることとして誤っているものを，あとの①～③から１つ選びなさい。

（国土地理院ウェブサイトより）

　①　森林の分布　　②　平野の分布　　③　人口の分布　　　　　　　〔　　　　　〕

次の文章と図を参考にして，あとの問いに答えなさい。

インターネットの発達により，地理情報システムは， ア や イ （地図で見る統計）などの ウ の利用が増加している。国土地理院がインターネット上で公開している ア は，拡大・縮小，下の図のような2点間の エ を描くことも可能である。また， イ は統計地図の作成が可能で，地域や市場の分析などに利用される。

下の図のような エ を表示させたい場合，インターネット上で ア を開き，ツールから エ を選択する。その後2地点の選択をするのだが，この下の図の場合，始点を カ 市，終点を キ 市の位置でクリックすると自動的に エ が表示される。 エ を見ると， 横軸の1目盛りは ク km 間隔で表示され，2点間の距離は約 ケ km となっている。始点より90～108 km 地点のうち最も標高が高いところでは，標高 コ m を超える地点が確認できる。

(1) ア ～ エ に当てはまる語を，次の語群から選びなさい。

　　〔 語群 〕

　　Web GIS　　地理院地図　　jSTAT MAP　　断面図

　　　　　　ア 〔　　　　　　　　　〕 イ 〔　　　　　　　　　〕 ウ 〔　　　　　　　　　　　　〕
　　　　　　エ 〔　　　　　　　　　〕

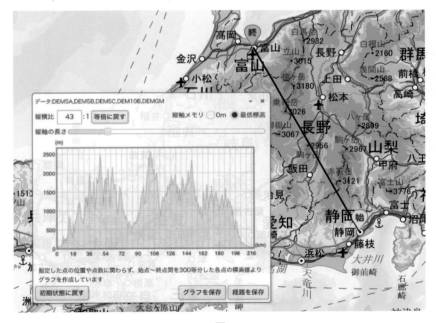

図

(2) 図を参考にして， カ ～ コ に当てはまる数字や語を答えなさい。

　　　　　　カ 〔　　　　　　　　　〕 キ 〔　　　　　　　　　〕 ク 〔　　　　　　　　　　　　〕
　　　　　　ケ 〔　　　　　　　　　〕 コ 〔　　　　　　　　　〕

STEP 1 | 重要ポイント

1 国家の三要素

- **国家の三要素**…主権・国民・領域。
  - ・**主権**…国家を統治する権力。
  - ・**領域**…領土・領海・領空。
- **排他的経済水域（EEZ）**…領海の外側で干潮時の海岸線より 200 海里までの海域。
- **接続水域**…領海の外側にある，海岸線から 24 海里までの水域のことで，沿岸国は通関・財政・出入国管理・衛生上などで権限を行使できる。
- **独立国**…他国から干渉されず，主権を有する国。
- **植民地**…他国の干渉を受ける，主権をもたない国。

2 さまざまな国境

- **国境**…国家と国家の境界，自然的国境と人為的国境がある。
  - ・**自然的国境**…山脈や河川，湖沼，海洋などに沿って決められた国境。
  - ・**人為的国境**…❶経線や緯線に沿った国境や，建造物などを利用した国境。

3 日本の領域と領土をめぐる問題

- **日本の領域**…約 38 万 km² の領土と，広い排他的経済水域をもつ島国。
- **北方領土**…北海道北東部にある歯舞群島，色丹島，国後島，択捉島。日本固有の領土だが，ロシアが不法に占拠。
- **竹島**…島根県に属する日本固有の領土だが，1952 年以降，韓国が不法に占拠。
- **尖閣諸島**…沖縄県石垣市に属する日本固有の領土。1970 年ごろから中国などが領有権を主張するようになったが，他国との間に解決すべき領土問題は存在しない。

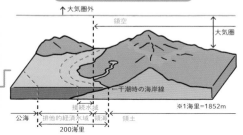

領土・領海・領空の模式図

※1海里=1852m

人為的国境がみられるアフリカの国境

❶特にこれを数理的国境という。リビア・エジプトは東経 25 度の経線，エジプト・スーダンは北緯 22 度の緯線を国境線にしている。

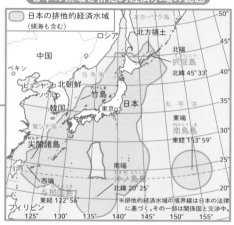

日本の領域と排他的経済水域の範囲

国家の三要素

❶ 国家の成立に必要な三要素は領域，国民ともう1つは何か。　　　　　〔　　　　　　　〕

❷ 領域とは領土・領海ともう1つは何か。　　　　　　　　　　　　　　〔　　　　　　　〕

❸ 干潮時の海岸線から12海里までの海域を何というか。　　　　　　　〔　　　　　　　〕

❹ EEZ ともよばれる干潮時の海岸線より200海里までの海域を何という
　 か。　　　　　　　　　　　　　　　　　　　　　　　　　　　　　〔　　　　　　　〕

❺ 領海の外側にある，海岸線から24海里までの水域で，沿岸国がさまざ
　 まな権限をもつ海域を何というか。　　　　　　　　　　　　　　　　〔　　　　　　　〕

❻ 他国から干渉されず，主権を有する国を何というか。　　　　　　　　〔　　　　　　　〕

さまざまな国境

❼ 国家と国家の境界を何というか。　　　　　　　　　　　　　　　　　〔　　　　　　　〕

❽ ❼のうち，山脈や河川，湖沼などに沿って決められた境界を何というか。〔　　　　　　　〕

❾ ❼のうち，経緯線や建造物などを利用した境界を何というか。　　　　〔　　　　　　　〕

❿ ❾のうち，経線や緯線を利用した境界を何というか。　　　　　　　　〔　　　　　　　〕

日本の領域と領土をめぐる問題

⓫ 日本の最西端に位置する島はどこか。　　　　　　　　　　　　　　　〔　　　　　　　〕

⓬ 北海道北東部にある北方領土に含まれる島々は，歯舞群島，色丹島，
　 国後島ともう1つはどこか。　　　　　　　　　　　　　　　　　　　〔　　　　　　　〕

⓭ 北方領土を不法に占拠している国はどこか。　　　　　　　　　　　　〔　　　　　　　〕

⓮ 1952年以降，竹島を不法に占拠している国はどこか。　　　　　　　〔　　　　　　　〕

⓯ 尖閣諸島が属する県はどこか。　　　　　　　　　　　　　　　　　　〔　　　　　　　〕

1 国家の三要素

よく出る

次の文章を読み，あとの問いに答えなさい。

国家は，国家の三要素とよばれる主権・ ア ・領域によって成り立っている。 イ は，いわゆる他国から干渉を受けず，主権を有する国家のことを意味する。かつてアフリカ諸国は欧米列強の干渉により， ウ となり，主権をはく奪された時期もあるが，いわゆる エ と呼ばれた 1960 年を契機に独立を果たした。

(1) ア ～ エ に当てはまる語を答えなさい。

ア〔　　　　　　　　　〕 イ〔　　　　　　　　　〕 ウ〔　　　　　　　　　〕

エ〔　　　　　　　　　〕

(2) 下線部について，次の図の カ ～ ケ に当てはまる語を答えなさい。

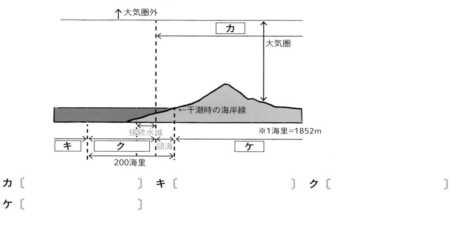

カ〔　　　　　　　　　〕 キ〔　　　　　　　　　〕 ク〔　　　　　　　　　〕

ケ〔　　　　　　　　　〕

2 さまざまな国境

よく出る (1) 次の文章の ア と イ に当てはまる語を答えなさい。

国家と国家の境界である国境は，山脈や河川，湖沼などに沿って決められた ア 国境と，経線や緯線，建造物などを利用した イ 国境がある。

ア〔　　　　　　　　　〕 イ〔　　　　　　　　　〕

(2) (1)の下線部のような国境に当てはまるものは，次の図の A ～ C のうちどれか。

〔　　　　〕

3 日本の領域と領土をめぐる問題

日本の領域について，次の図の ア ～ キ に当てはまる語を，あとの語群から選びなさい。

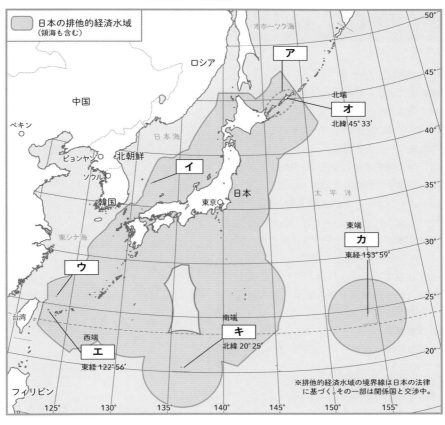

[語群]

竹島　　尖閣諸島　　南鳥島　　与那国島　　択捉島　　沖ノ鳥島　　北方領土

ア〔　　　　　　　〕イ〔　　　　　　　〕ウ〔　　　　　　　〕
エ〔　　　　　　　〕オ〔　　　　　　　〕カ〔　　　　　　　〕
キ〔　　　　　　　〕

STEP 1 | 重要ポイント

1 国家間の結びつき

- **国際連合（UN）**…世界の平和や安全の維持を目指す国際機関。
- ●**ヨーロッパ連合（EU）**…ヨーロッパの政治・経済の統合を目指す組織。
- **東南アジア諸国連合（ASEAN）**…東南アジアの安全保障や経済協力を目指す組織。
- **米国・メキシコ・カナダ協定（USMCA）**…北米自由貿易協定（NAFTA）にかわる貿易協定。
- **世界貿易機関（WTO）**…1995年に設立された，貿易の自由化を促進する機関。
- **自由貿易協定（FTA）**…特定の国や地域同士で結び，関税を撤廃するなどして貿易の活性化を図る協定。
- **経済連携協定（EPA）**…FTAに加えて，知的財産権の保護や投資，人の移動など幅広い分野での連携を目指す協定。

2 情報通信技術の発達と問題

- **海底ケーブル（海底光ファイバーケーブル）**…光ファイバーを用いて大陸間に敷設。これによりデータ通信量や通信速度が向上。
- ●**情報格差（デジタルデバイド）**…先進国と発展途上国，若者と高齢者などの間で拡大。

3 交通の発達や観光のグローバル化

- 交通の発達で，**時間距離**が短縮した。
- **海上交通**…輸送時間はかかるが大量輸送が可能。**コンテナ船**，オイルタンカーなど。
- **航空交通**…迅速な輸送が可能。**ハブ空港**の発達により利用が拡大。
- **陸上交通**
  - ・鉄道…人や貨物を大量に定時輸送。
  - ・自動車…輸送単位は小さいが，戸口輸送が可能。**モータリゼーション**（車社会化）が進んだ。
- 観光形態として，**グリーンツーリズム**や**エコツーリズム**の登場。

●1993年マーストリヒト条約の発効により設立，2020年にイギリスが離脱した。加盟国数は27か国。（2022年12月現在）

主な国家間の結びつき

- ☐ EU（ヨーロッパ連合）
- ☐ USMCA（米国・メキシコ・カナダ協定）
- ☐ MERCOSUR（南米南部共同市場）
- ☐ ASEAN（東南アジア諸国連合）
- ☒ APEC（アジア太平洋経済協力）
- ■ AU（アフリカ連合）

※MERCOSUR加盟国のうち，ベネズエラは加盟資格停止中，ボリビアは議決権なし。 （2022年12月現在）

●情報通信技術の普及・利用によって生じたさまざまな格差。

大量輸送が可能なコンテナ船

（アフロ）

●移動に必要な所要時間のこと。
●世界規格の鋼鉄製の箱に荷物を入れて輸送する船。
●地域の旅客・貨物輸送の中心となり，世界各地から路線が集まる空港。
●自動車の普及・利用が進み，日常生活での自動車への依存が高まること。
●農村や山村に滞在して，自然や文化にふれる観光。
●自然や歴史・文化を体験しながら，持続可能な環境保全について学ぶ観光。

解答・解説は別冊 p.2

国家間の結びつき

❶ 世界の平和や安全の維持を目指す国際組織を何というか。 〔　　　　　〕

❷ ヨーロッパの地域統合などを目指す組織を何というか。 〔　　　　　〕

❸ 東南アジア諸国の経済協力などを目指す組織を何というか。 〔　　　　　〕

❹ 2020 年に NAFTA にかわって発効した貿易に関する協定を何というか。 〔　　　　　〕

❺ GATT の役割を引き継いで 1995 年に設立され，世界の多くの国々が加盟し，貿易の自由化を促進する機関を何というか。 〔　　　　　〕

❻ 特定の国や地域同士で結び，関税を撤廃したり，規制を緩和したりするなどして貿易の活性化を図る協定を何というか。 〔　　　　　〕

❼ ❻の協定の内容に加えて，知的財産権の保護や投資，人の移動など幅広い分野での連携を目指す協定を何というか。 〔　　　　　〕

情報通信技術の発達

❽ 大容量のデータの送信を可能にした，大陸間を結んでいるケーブルを何というか。 〔　　　　　〕

❾ インターネットなど情報技術による恩恵を受けられるか否かで生じる，国家間，地域間，年齢間の格差を何というか。 〔　　　　　〕

交通の発達や観光のグローバル化

❿ 地域の旅客・貨物輸送の中心となり，世界各地から路線が集まる空港を何というか。 〔　　　　　〕

⓫ 自動車の普及・利用が増加し，日常生活での自動車への依存が高まることを何というか。 〔　　　　　〕

⓬ 農業体験などを通して自然や地域文化にふれる観光形態を何というか。 〔　　　　　〕

⓭ 自然や歴史・文化を体験しながら，持続可能な環境保全について学ぶ観光形態を何というか。 〔　　　　　〕

解答・解説は別冊 p.3

よく出る **1** 国家間の結びつき①

次の図と文章をもとに，あとの問いに答えなさい。

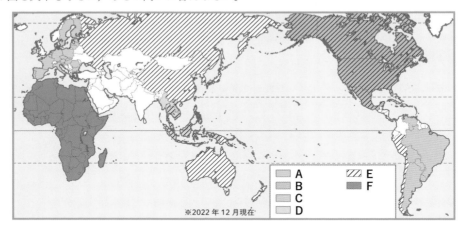

※2022年12月現在

第二次世界大戦後に，平和や安全の維持を目的として，国際機関の　**ア**　が設立された。さまざまな国や地域で経済的な結びつきを強める動きが進み，ヨーロッパではマーストリヒト条約締結により　**イ**　が結成され，2000年代以降は東欧諸国が加盟したが，2020年には　**ウ**　の離脱が話題となった。

(1)　**ア**　〜　**ウ**　に当てはまる語を答えなさい。

ア〔　　　　　　　〕　イ〔　　　　　　　　　　〕　ウ〔　　　　　　　　　〕

(2)　下線部に関連して，次の協定や連携の加盟国を示すものとして当てはまるものを，図中の**A〜F**からそれぞれ選びなさい。

ASEAN〔　　　　　〕　　　APEC〔　　　　　〕
USMCA〔　　　　　〕　　MERCOSUR〔　　　　　〕

ミス注意 **2** 国家間の結びつき②

次の文章の　**ア**　〜　**ウ**　に当てはまる語をアルファベットの略称でそれぞれ答えなさい。

自由貿易の構築をめざして1995年に設立された　**ア**　は，各国の利害が一致せず交渉の決裂や中断も多い。そのため，特定の国・地域間で関税や規制を撤廃する　**イ**　が結ばれたり，　**イ**　を軸に投資規制の撤廃・緩和や知的財産権の保護などで連携を強めるための　**ウ**　が結ばれたりしている。

ア〔　　　　　　　〕　イ〔　　　　　　　　　　〕　ウ〔　　　　　　　　　〕

3 情報通信技術の発達と問題

次の文章の ア ～ ウ に当てはまる語を答えなさい。

大陸間を結ぶ ア の敷設により，通信範囲や通信速度が向上したことで， イ を介した世界の一体化が飛躍的に進んだ。これによって情報の入手が容易になった反面，情報通信技術を活用できるか，またはインフラが整備されているかどうかによって，国家間や地域間，個人間で ウ とよばれる情報格差が生じている。

ア〔　　　　　　　〕イ〔　　　　　　　〕ウ〔　　　　　　　〕

発展

4 交通の発達や観光のグローバル化

次の文章を読み，あとの問いに答えなさい。

交通の発達により，移動に必要な所要時間を意味する ア が短縮し，国際間の移動が容易となった。交通手段には，大量輸送が可能な イ 交通，高速な輸送が可能なA航空交通，鉄道やB自動車を利用した陸上交通がある。

イ 交通では世界規格の鋼鉄製の箱に荷物を入れて輸送する ウ 船や，穀物や鉄鉱石・石炭などを運搬する専用船のばら積み船の利用が活発である。

(1) ア ～ ウ に当てはまる語を答えなさい。

ア〔　　　　　　　〕イ〔　　　　　　　〕ウ〔　　　　　　　〕

(2) 下線部Aに関連して，地域の旅客・貨物輸送の中心となり，世界各地から路線が集まる空港を何というか答えなさい。

〔　　　　　　　　　　　〕

(3) 下線部Bに関連して，モータリゼーションによる都市問題として当てはまらないものを，次の①～④から1つ選びなさい。

①駅前商店街の衰退　　②交通渋滞　　③大気汚染　　④都市の地価高騰

〔　　　　　　〕

(4) 次のグラフは2019年の日本の貨物輸送と旅客輸送の割合を示したものである。グラフのカ～クに当てはまる輸送機関を鉄道，自動車，航空交通からそれぞれ選んで答えなさい。

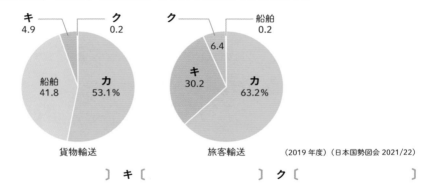

キ 4.9　ク 0.2　船舶 41.8　カ 53.1%
貨物輸送

ク 6.4　船舶 0.2　キ 30.2　カ 63.2%
旅客輸送

（2019年度）（日本国勢図会 2021/22）

カ〔　　　　　　　〕キ〔　　　　　　　〕ク〔　　　　　　　〕

解答・解説は別冊 p.3

得点

/100

1 次の文章と図を参考にして，あとの問いに答えなさい。 （各5点，計20点）

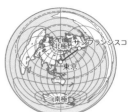

　右の図法は，中心からの距離と方位が正しくなるように描かれたものである。右の図では東京が中心に描かれており，東京から見たサンフランシスコは，8方位で | ア | 方向に位置することがわかる。東京とサンフランシスコを結ぶ直線は， | イ | 航路と呼ばれる。

(1) この図法の名称を答えなさい。

(2) 文章の | ア | と | イ | に当てはまる語を答えなさい。

(3) | イ | の航路についての説明として当てはまるものを，次の**A・B**から1つ選びなさい。

　A その角度を守って進めば目的地へたどりつける航路

　B 最短距離となる航路

(1)		図法	(2)	ア		イ	
(3)							

2 次の図**A・B**を見て，あとの問いに答えなさい。 （各5点，計20点）

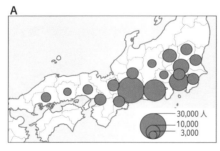

A

30,000 人
10,000
3,000

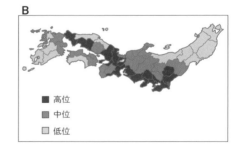

B

■ 高位
■ 中位
□ 低位

(1) 図**A・B**は統計地図の一種である。それぞれの地図の種類の名称を答えなさい。

(2) 次の**ア・イ**を統計地図で表すとき，図**A・B**のどちらの種類の統計地図で表すのがより適切と考えられるか。それぞれ**A・B**から選びなさい。なお，（　）内は単位を表す。

　ア 世界各国の人口密度（人/km^2）を統計地図で表し，人口が集中している国がどこかをわかりやすく示す。

　イ 世界各国の肉用牛の飼育頭数（万頭）を統計地図で表し，飼育頭数の量の違いをわかりやすく示す。

(1)	**A**		**B**	
(2)	**ア**		**イ**	

次の文章を読み，あとの問いに答えなさい。　　　　　　　　（各6点，計60点）

　日本やアメリカ合衆国，ヨーロッパ諸国などを中心とした先進国による貿易が活発に行われて
いたが，1990年代以降は，ₐ中国やインドなどの新興国の経済成長により，世界の貿易額は増加
した。自由貿易を進めるために，GATT（貿易に関する一般協定）が発足し，1995年には
　ア　がGATTから発展する形で発足した。　ア　は決議に長期間を必要とするため，2か国
（地域）間あるいは多国間で　イ　を結ぶことが主流となっていった。さらに，　イ　の内容
に加え，人の移動や投資，著作権や特許権などの　ウ　権の保護など幅広い分野の連携を強め
る　エ　へ移り変わっている。近年では，交通網や情報通信技術の発達に伴い，目に見える商
品だけでなく，観光や金融などを扱う　オ　貿易も拡大している。

　これまで先進国と発展途上国は　Ａ　貿易（分業）の関係にあったが，近年では新興国の台
頭などにより，　Ｂ　貿易（分業）の関係に移行してきており，各国の強みをいかした国際分
業が進んでいる。

　このような経済のグローバル化が進む中で，ヨーロッパ連合をはじめとし，①米国・メキシ
コ・カナダ協定や②南米南部共同市場などの経済圏の形成も進んでいる。

　次の地図は　Ｘ　への参加国・地域を表しており，日本を含む環太平洋地域における経済圏
となっている。

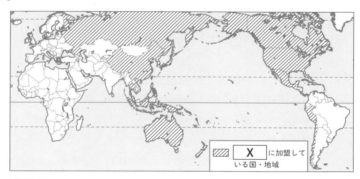

（1）　　ア　～　オ　に当てはまる語を答えなさい。

（2）　下線部 **a** に関連して，近年の経済成長が著しい中国・インド・ブラジル・ロシア・南アフリ
　　カ共和国の5か国をまとめて何というか，アルファベット5文字で答えなさい。

（3）　　Ａ　・　Ｂ　に当てはまる語の組み合わせとして正しいものを，**カ・キ**から選びなさい。
　　カ　Ａ：水平　Ｂ：垂直　　　**キ**　Ａ：垂直　Ｂ：水平

（4）　下線部①・②の略称をアルファベットで答えなさい。

（5）　　Ｘ　に当てはまる語を答えなさい。

(1)	ア		イ		ウ	
	エ		オ			
(2)			(3)			
(4)	①		②			
(5)						

1 次の図は，東京都町田市付近の2万5千分の1の新旧の地形図である。この地形図を用いて考察しているAさんとBさんの会話文を読み，あとの問いに答えなさい。

1957年 〔国土地理院発行〕

2020年 〔地理院地図〕

Aさん：地図中の西部には，川が流れているね。

Bさん：2020年の地形図をよく見ると，①境川に沿って都府県の境界線が引かれているよ。境川を境にして，東京都と神奈川県に分かれているということだね。

Aさん：そうだね。川の形にも変化があるように感じるよ。1957年の境川は，細かく湾曲していて，いびつな形に見えるね。

Bさん：たしかに，2020年の境川のほうが，なめらかで直線的になっているね。なぜだろう。

Aさん：河川の水が速やかに下流に流れるために整備されたんじゃないかな。人々を②洪水から守るための取り組みと言えるね。

Bさん：1957年の地形図では，河川周辺は，主に③茶畑として利用されていたみたいだね。2020年の地形図では，ほとんどが建物になっているよ。

Aさん：2020年の地形図の北東部の「金森東」地区にも，④建物が多く見られるね。1957年の地形図を見ると，このあたりは ア になっているのがわかるよ。

問題

(1) 新旧の地形図について述べた内容として誤っているものを，文中の下線部①〜④から1つ選びなさい。

〔　　　〕

(2) 文中の ア に当てはまるものを，次の**カ**〜**ケ**から1つ選びなさい。

カ 丘陵　　**キ** 自然堤防　　**ク** 扇状地　　**ケ** 氾濫原

〔　　　〕

2 AさんとBさんは，兵庫県姫路市周辺の人口について調べるため，「地図で見る統計（jSTAT MAP）」を使って，次の2種類の統計地図を作成した。**図1・2**についての会話文を読み，あとの問いに答えなさい。

図1 jSTAT MAP で作成した姫路市周辺の市区町村別の人口総数 （2020年国勢調査による）

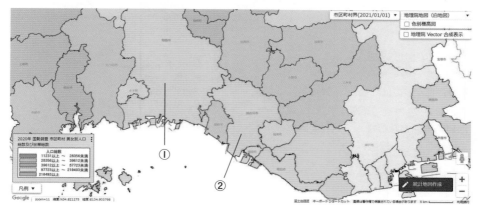

図2 jSTAT MAP で作成した姫路市周辺の1km四方ごとの人口総数 （2020年国勢調査による）

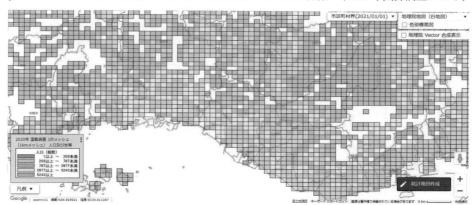

Aさん：**図1**では，人口総数を市区町村別の階級区分図で表していて，市区町村同士の比較がしやすいね。**図2**では，1km四方ごとの人口総数を　**a**　で表しているよ。

Bさん：**図1**の①や②の市は，市区町村としての人口は　**ア**　けれど，**図2**を見ると，市の中にも人口の多い地域と少ない地域があるみたいだ。

Aさん：どちらの市も，特に　**イ**　に人口総数の多い地域が集中しているのが読み取れるね。

問題

(1)　**a**　に当てはまる統計地図の種類を答えなさい。

〔　　　　　　　　　〕

(2)　**ア**・**イ**　に当てはまる語を，次の語群からそれぞれ選びなさい。

　〔語群〕 内陸部　沿岸部　河川付近　国道付近　少ない　多い　減少している　増加している

ア〔　　　　　　〕 イ〔　　　　　　〕

第1章 | 大地形とプレート

| STEP 1 | 重要ポイント

1 地形の形成過程

- **内的営力**…地殻変動，火山活動，地震など，地球内部からのはたらき。①**大地形**をつくる。

- **外的営力**…②**侵食**，**運搬**，**堆積**，③**風化**など，地球の外側からのはたらき（太陽エネルギーによる）。④**小地形**をつくる。

2 プレートのはたらき

1 プレートテクトニクス

- ⑤**プレート**…地表を覆う十数枚の硬い岩盤。

- **プレートテクトニクス**…地殻変動や火山活動・地震と大地形形成の要因をプレートの運動で説明する理論。

2 プレートの境界の類型

- **狭まる境界（衝突帯）**…大陸プレートどうしが衝突する境界。ヒマラヤ山脈など大山脈を形成。

- **狭まる境界（沈み込み帯）**…⑥**海溝**を形成。

- **広がる境界**…プレートが互いに遠ざかる境界。**海嶺**（長大な海底山脈）を形成。

- **ずれる境界**…プレートが異なる方向に動く境界。**断層**を形成。

3 大地形の分類

1 変動帯

内的営力が強くはたらき，地震活動や地殻変動が非常に活発な地域。

2 造山帯

大山脈が発達している地帯。

- **新期造山帯**…中生代以降の造山運動による。

- **古期造山帯**…古生代の造山運動による。

3 安定陸塊

長年，内的営力を受けず侵食が進む地域。

- **楯状地**…侵食平野のうち，先カンブリア時代の地層が露出した平坦な地形。

- **卓状地**…侵食平野のうち，先カンブリア時代の地層の上に，それ以降の地層が水平に堆積した台地状の地形。

①大陸，大山脈，大平原，海嶺，海溝など。
②水や風で岩石や地層が削られること。
③物理的（熱，乾湿など），化学的（酸化，溶解など），生物要因がある。
④V字谷，扇状地，三角州（デルタ），段丘など。
⑤大陸プレートと海洋プレートに分類される。地殻の厚さは海洋プレートが約7km，大陸プレートは20〜70kmになる。

世界の主なプレートの分布

[Diercke Weltatlas 2015, ほか]

── 広がる境界　……… 狭まる境界　▶▶▶ ずれる境界
・・・・・ 未確定の境界　　プレートの移動方向
→（アフリカプレートを不動としたとき）

狭まる境界（衝突帯）

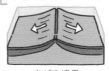
狭まる境界（沈み込み帯）

広がる境界　　　ずれる境界

⑥深さ数千m以上の海底の細長い溝。

地形の分布

安定陸塊
古期造山帯
新期造山帯
プレートの境界
主な地震の震源
主な火山

[気象庁Webページ，ほか]

⑦重なった硬軟層が緩やかに傾斜し，不均一に侵食されてできた地形をケスタという。

解答・解説は別冊 p.5

地形の形成過程，プレートのはたらき

❶ 大陸や大山脈などの大地形をつくる，地球内部からのはたらきを何というか。 〔　　　　　　　　〕

❷ 河川やV字谷，扇状地などの小地形をつくる，侵食作用や堆積作用などの地球の外側からのはたらきを何というか。 〔　　　　　　　　〕

❸ 地球の表面を覆う，十数枚の硬い岩盤を何というか。 〔　　　　　　　　〕

❹ 地殻変動や火山活動・地震の発生などによって大地形が形成される要因をプレートの運動で説明する理論を何というか。 〔　　　　　　　　〕

❺ プレートの境界のうち，大陸プレートどうしが衝突するところを何というか。 〔　　　　　　　　〕

❻ プレートの境界のうち，海洋プレートが大陸プレートの下に沈み込むところを何というか。 〔　　　　　　　　〕

❼ プレートの境界のうち，プレートどうしが離れ，海嶺が形成されるところを何というか。 〔　　　　　　　　〕

❽ プレートの境界のうち，プレートどうしが異なる方向に動き，断層を形成するところを何というか。 〔　　　　　　　　〕

大地形の分類

❾ 造山帯のうち，中生代以降の造山運動で形成され，現在も地震や火山活動が活発な地帯を何というか。 〔　　　　　　　　〕

❿ 造山帯のうち，古生代の造山運動で形成され，長年の侵食作用で低くなだらかな山地・山脈が分布する地帯を何というか。 〔　　　　　　　　〕

⓫ 数億年以上の長期にわたり，ほとんど内的営力を受けていない地帯を何というか。 〔　　　　　　　　〕

⓬ ⓫に広がる侵食平野のうち，先カンブリア時代の地層が露出した，平坦な陸地を何というか。 〔　　　　　　　　〕

⓭ ⓫に広がる侵食平野のうち，先カンブリア時代の地層の上に，それ以降の地層が水平に堆積した，テーブルのような形をした台地状の地形を何というか。 〔　　　　　　　　〕

⓮ ⓭の重なった硬軟層が緩やかに傾斜し，不均一に侵食されてできた丘陵地形を何というか。 〔　　　　　　　　〕

1　地形の形成過程

次の文章を読み，あとの問いに答えなさい。

私たちが生活する地球の表面は，地形をつくるさまざまな力が長い年月をかけて変化させてきた。

地球上の地形は，地球内部からのはたらきである　A　と，地球の外側からのはたらきである　B　により形成される。　A　は，造山運動などの地殻変動や火山活動によって地形を変化させて　C　をつくる。　B　は，太陽エネルギーから生まれるさまざまな作用によって　D　をつくる。

(1)　A　～　D　に当てはまる語を語群からそれぞれ選びなさい。

[語群]　大地形　　小地形　　外的営力　　内的営力

A〔　　　　　　　　　　〕B〔　　　　　　　　　　〕C〔　　　　　　　　　　〕

D〔　　　　　　　　　　〕

(2)　C　の例として当てはまらないものを，次のア～エから1つ選びなさい。

ア　大山脈　　イ　大平原　　ウ　大陸　　エ　V字谷　　　　　　　　〔　　　　〕

発展(3)　下線部の例として当てはまらないものを，次のア～エから1つ選びなさい。

ア　運搬　　イ　地震　　ウ　侵食　　エ　風化　　　　　　　　　　　〔　　　　〕

よく出る　## 2　プレートテクトニクス

次の図のア～エ，A～Cに当てはまる語をそれぞれ答えなさい。

ア〔　　　　　　　　　　〕プレート　イ〔　　　　　　　　　　〕プレート

ウ〔　　　　　　　　　　〕プレート　エ〔　　　　　　　　　　〕プレート

A〔　　　　　　　　　　〕境界　B〔　　　　　　　　　　〕境界

C〔　　　　　　　　　　〕境界

3　プレートの境界

次の文章を読み，あとの問いに答えなさい。

　プレートの境界は，各プレートが動く向きによっていくつかの型に分類される。

　「広がる境界」はプレートどうしが離れていくところで，海底で　A　とよばれる海底山脈を形づくっている。

　「狭まる境界」は2つのタイプに分かれる。「衝突帯」では，　B　プレートどうしが押し合うことで巨大な山脈などの大地形が形成される。「沈み込み帯」では，　B　プレートの下に　C　プレートが沈み込んで　D　とよばれる深い溝が形成され，そこから深さ100km以上に達したところで上部マントルの一部を融かして上昇し，a地表で噴出する。b地震などの自然災害が多いのも，この境界の特徴である。

　「ずれる境界」は，主に海域でプレートどうしが異なる方向に動くところで，　E　が形成されやすい。

(よく出る)(1)　　A　～　E　に当てはまる語を答えなさい。

A〔　　　　　　　　〕B〔　　　　　　　　　〕C〔　　　　　　　　　〕
D〔　　　　　　　　〕E〔　　　　　　　　　〕

(発展)(2)　下線部aで噴出するものとして当てはまらないものを，次のア～エから1つ選びなさい。

ア　火砕流　　イ　火山ガス　　ウ　土石流　　エ　溶岩　　　　　　　〔　　　　　〕

(3)　下線部bについて，地震によって起こることとして当てはまらないものを，次のア～エから1つ選びなさい。

ア　高潮　　イ　建物の倒壊　　ウ　地盤の液状化　　エ　津波　　　　〔　　　　　〕

発展　4　大地形の分類

右の図を見て，あとの問いに答えなさい。

(1)　図のA～Cに当てはまる語を，「安定陸塊」「古期造山帯」「新期造山帯」からそれぞれ選びなさい。

A〔　　　　　　　　〕
B〔　　　　　　　　〕
C〔　　　　　　　　〕

(2)　図のAでみられる侵食平野のうち，先カンブリア時代の地層が露出した平坦な地形を何というか，答えなさい。　　　　　　　　　〔　　　　　　　　　〕

1 上～中流域の地形

河川による侵食，運搬，❶堆積の作用で形成される。

- **V字谷**…山地が河川に侵食されて深く削られた谷。
- **谷底平野**…盆地などに上流からの❷土砂が河川に沿って堆積して形成された平野。
- **扇状地**…❸河川が山地から流れ出た谷の出口に，砂礫が扇状に堆積して形成された地形。**扇央**は砂礫層で水はけがよいため，河川は伏流し**水無川**となりやすく，水田には向かず畑や果樹園になりやすい。**扇端**は湧水があるため，集落が形成されやすい。
- **天井川**…河川の氾濫を防ぐために堤防をつくった結果，河道に砂礫の堆積が進んで，周囲の平野面よりも河床が高くなった河川。

2 中～下流域の地形

- **台地**…水を得にくく，畑・果樹園が発達。
- **河岸段丘**…谷底平野や氾濫原を河川が刻んでできた階段状の地形。平坦な面を**段丘面**，その間の崖を**段丘崖**といい，低いところの段丘ほど形成時期が新しい。
- **氾濫原**…洪水により流路沿いが浸水し，土砂が堆積してできた低地。河川沿いに土砂が堆積した微高地の**自然堤防**ができ，その背後に水はけの悪い**後背湿地**が広がる。また，河川の流路が取り残された**三日月湖**も見られる。
- **三角州（デルタ）**…傾斜が緩やかな河口付近で，砂泥の運搬力が衰えて堆積してできた低地。都市や水田が発達。水はけが悪く水害を受けやすい。

❶約1万2000年前から現在までの完新世の地層が堆積し，今も形成中の平野を沖積平野という。

❷「土砂」「砂礫」「砂泥」など，岩石が壊れてできた破片の大きさに合わせて，さまざまな表現をする。
　一般的な定義は，礫…直径2mm以上，砂…同0.0625mm以上2mm未満，泥…砂より細かいもの。

❸谷口から開けた土地へ流れ出た土砂は，流路が定まらず減速しながら広がっていく。

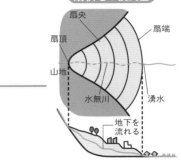

扇状地の模式図

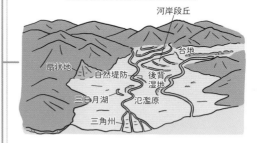

河川がつくる地形の模式図

河川がつくる地形

❶ 完新世（沖積世）に堆積作用によってできた平野を何というか。 〔　　　　　〕

上〜中流域の地形

❷ 山地が河川によって深く削られ，侵食されてできた谷を何というか。 〔　　　　　〕

❸ 盆地などで，河川沿いに上流からの土砂が堆積してできた平野を何というか。 〔　　　　　〕

❹ 河川が山地から流れ出た谷の出口に，砂礫が扇状に堆積して形成された地形を何というか。 〔　　　　　〕

❺ ❹でみられる，地下に浸透していて地上では見えない河川を何というか。 〔　　　　　〕

❻ 河道に砂礫が堆積し続けることで，周囲の平野面よりも河床が高くなった河川を何というか。 〔　　　　　〕

中〜下流域の地形

❼ 周囲の低地と比べて高く盛り上がっている平らな土地を何というか。 〔　　　　　〕

❽ 谷底平野や氾濫原が河川に刻まれてできた，階段状の地形を何というか。 〔　　　　　〕

❾ 洪水によって流路沿いが浸水し，土砂が堆積してできた低地を何というか。 〔　　　　　〕

❿ ❾において，洪水時に溢れた土砂が河川の流路沿いに堆積してできた微高地を何というか。 〔　　　　　〕

⓫ ❿の背後に広がる，水はけの悪い土地を何というか。 〔　　　　　〕

⓬ ❾において，かつての河川の流路が取り残されてできた池や湖を何というか。 〔　　　　　〕

⓭ 都市や水田となりやすい，河口部に砂や泥が堆積してできた低地を何というか。 〔　　　　　〕

1 河川の上〜中流域の地形

よく出る

次の問いに答えなさい。

(1) 次の**A〜C**で説明している地形の名前をそれぞれ答えなさい。

A 山地で，河川の侵食作用によって深く削られてできた地形。

B 山間の盆地などで，河川に沿って土砂が堆積してできた低平地。

C 河川が山地から平地に流れ出るところに，砂や礫が堆積してできた地形。

A〔　　　　　　　　〕 B〔　　　　　　　　〕 C〔　　　　　　　　〕

(2) 右の模式図は，(1)の**C**の地形を示したものである。これを見て，次の問いに答えなさい。

① **ア〜ウ**に当てはまる語を答えなさい。

ア〔　　　　　　　〕 イ〔　　　　　　　〕

ウ〔　　　　　　　〕

② 砂礫が堆積することで水はけがよく河川が伏流している部分を，図中の**ア〜ウ**から1つ選びなさい。また，それによって流水が地下に浸透していて地上では見えない河川を何というか，答えなさい。

部分〔　　　　　　　〕

河川名〔　　　　　　　〕

③ 次の**X・Y**が見られる部分として当てはまるものを，図中の**ア〜ウ**から選びなさい。

X 果樹園・畑　　**Y** 集落

X〔　　　　　〕 Y〔　　　　　〕

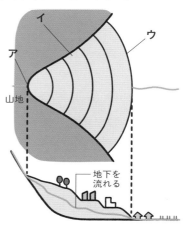

2 河川の中〜下流域の地形

次の問いに答えなさい。

よく出る (1) 次の**A〜F**で説明している地形をそれぞれ答えなさい。

A 洪水により流路沿いが浸水し，土砂が堆積してできた低地。

B **A**を流れる河川の流路が変わり，残された古い河道の一部が湖や池となったもの。

C **A**にある河川で，洪水時に溢れた土砂が河川沿いに堆積して形成された微高地。

D **C**の背後に泥水が流れ込み，泥が堆積した水はけの悪い土地。

E 谷底平野が河川による侵食で刻まれ，階段状になった地形。

F 河川が分流して，河口付近に砂や泥が堆積してできた低地。

A〔　　　　　　　〕 B〔　　　　　　　〕 C〔　　　　　　　〕

D〔　　　　　　　〕 E〔　　　　　　　〕 F〔　　　　　　　〕

(2) (1)の**C**と**D**のうち，日本の農村で水田として多く利用されているのはどちらか答えなさい。

〔　　　　〕

発展 (3) 右の写真は，(1)の**E**の地形を表したものである。これを見て，次の問いに答えなさい。

① **G**と**H**のうち，形成された時期が古いと考えられる
のはどちらか答えなさい。

〔　　　　〕

② (1)の**E**の周囲が河川に侵食されて段丘崖に囲まれる
と，次の**ア〜エ**のうちどれになるか，選びなさい。
ア 扇状地　　**イ** カルスト地形
ウ 台地　　　**エ** 自然堤防

〔　　　　〕

発展 (4) 右の写真は，(1)の**F**の地形を表したものである。この地形についての説明として当てはまらないも
のを，次の**ア〜エ**から１つ選びなさい。
ア 網目のような水路がみられ，水運に利用されてきた。
イ 水が豊富に得られるため，果樹園として利用されて
きた。
ウ 土地が肥沃なため，伝統的に水田として利用されて
きた。
エ 土地が低く，水はけが悪いため，高潮の被害を受け
やすい。

〔　　　　〕

STEP 1 重要ポイント

1 ①沈水によってできた地形

- ②リアス海岸…V字谷に海水が入り込んでできた海岸。湾内は波が穏やかで水深が深いため，漁港が発達し養殖が盛ん。湾の奥は狭く，③津波の際に波高が上昇して被害が拡大しやすい。

- 多島海…沈水して山頂部が島として残った土地が点在する海域。

- ④フィヨルド…氷河によって侵食されてできた⑤U字谷に海水が入り込んでできた湾。かつて大陸氷河で覆われていた高緯度地域に形成。漁港や水産都市が発達。

2 ⑥離水によってできた地形

- ⑦海岸段丘…海底地形が海面上に現れてできる階段状の地形。沿岸部が波や沿岸流で侵食されて崖となることを繰り返して形成される。段丘面は畑などに利用。

- ⑧海岸平野…浅く平坦な海底が離水して地上に現れた平野。砂浜海岸が発達し，微高地は集落や畑に利用。干潮時にできる干潟は干拓によって農地化。

3 沿岸流がつくる地形

- 砂地形…河川が運んだ砂や，海岸が侵食されて生まれた砂礫が堆積して湾をほぼふさぐようにのびた砂州，砂州が湾を閉ざしてできたラグーン（潟湖），⑨陸と島を繋ぐ陸繋砂州（トンボロ），陸と繋がった島の陸繋島，鳥の嘴状に曲がって突き出た砂嘴。

4 サンゴ礁の発達

- サンゴ礁…熱帯・亜熱帯地域にみられる，造礁生物の死骸が集積した岩礁。まず島を縁取るように裾礁が発達→島が沈降し，島との間にラグーンを挟んだ堡礁が形成→さらに島が沈降して水没し，サンゴ礁のみが環状に残されて環礁が形成。

① 陸地の下降か海面の上昇で，陸地が海面より下に沈むこと。複雑な海岸線になりやすい。

② 山地で谷だった部分が入り江，尾根だった部分が岬となり，それらが交互に入り組んだ鋸歯状の海岸線になっている。東北地方の太平洋側に広がる三陸海岸南部や三重県の志摩半島，福井県から京都府にかけての若狭湾岸など。

③ 2011年の東日本大震災で，三陸海岸沿岸地域が甚大な被害を受けた。

フィヨルド（ノルウェー西岸）

(PIXTA)

④ ノルウェー西岸，チリ南西岸，ニュージーランド南島西岸など。

⑤ 重量のある氷河が，強い摩擦力で土砂を削りながら流下して形成される（氷食作用）。

⑥ 陸地の上昇か海面の低下で，海底が陸上に現れること。単調な海岸線になりやすい。

⑦ 高知県室戸岬，神奈川県三浦半島など。

⑧ 千葉県の九十九里平野，宮崎県の宮崎平野など。

海岸の地形の模式図

リアス海岸　海岸平野　陸繋砂州　陸繋島　ラグーン　砂州　海岸段丘　多島海　干潟　砂嘴　沿岸流

⑨ 北海道の函館市，神奈川県の江の島など。

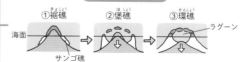

サンゴ礁の発達

①裾礁　②堡礁　③環礁　ラグーン　海面　サンゴ礁

解答・解説は別冊 p.6

沈水によってできた地形

❶ 山地が沈水し，Ｖ字谷に海水が入り込んでできた海岸地形を何というか。 〔　　　　　〕

❷ かつて大陸氷河で覆われていた高緯度地域で，氷河によって侵食された
Ｕ字谷に，海水が入り込んでできた海岸地形を何というか。 〔　　　　　〕

離水によってできた地形

❸ 離水による海底面の隆起と，波などによる侵食が繰り返されてできた階
段状の地形を何というか。 〔　　　　　〕

❹ 平坦な海底面が離水することによって，海面上に現れる平坦地を何とい
うか。 〔　　　　　〕

❺ ❹にみられる，土砂が堆積してできた海岸を何というか。 〔　　　　　〕

❻ 干潮時に現れ，満潮時には海面下になる地形を何というか。 〔　　　　　〕

沿岸流がつくる地形

❼ 海岸線に沿って堆積した土砂が沿岸流によって移動することで入り江や
湾を閉ざすように伸びた地形を何というか。 〔　　　　　〕

❽ ❼が発達して，湾や入り江をふさいでできた浅い湖沼を何というか。 〔　　　　　〕

❾ 海岸と島を繋ぐように伸びた❼を何というか。 〔　　　　　〕

❿ ❾によって繋がった島を何というか。 〔　　　　　〕

⓫ 鳥の嘴状に海に突き出た地形を何というか。 〔　　　　　〕

サンゴ礁の発達

⓬ サンゴ礁のうち，島の沿岸部を縁取るように発達したものは，裾礁・堡
礁・環礁のうちどれか。 〔　　　　　〕

1 沈水によってできた地形

次の文章を読み，あとの問いに答えなさい。

土地が下降または海面が上昇して，陸地が海面下に沈むことを沈水という。この作用がはたらく時，一般的に海岸線は X になりやすい。このうち，急峻な山地を流れる河川が侵食してできたV字谷に海水が入り込んでできた海岸を A という。この海岸線は岬と入り江が交互に入り組んでおり，湾内は Y ため，漁港が多く，カキや真珠などの B も行われている。そのいっぽうで，湾の奥は津波の際に波が高くなりやすく，東日本大震災の時は東北の C 海岸で甚大な被害が発生した。

また，氷河の侵食作用によって形成されたU字谷に海水が入り込んでできた湾を D といい，こちらも湾内に漁港や水産都市が発達することが多い。

発展 (1) X に当てはまる語を，語群から1つ選びなさい。

[語群] 階段状　嘴状（くちばし）　単調　複雑　〔　　　　　　〕

(2) A ～ D に当てはまる語を答えなさい。

A 〔　　　　　　〕 B 〔　　　　　　〕 C 〔　　　　　　〕

D 〔　　　　　　〕

(3) Y に当てはまる内容を，次のア～エから1つ選びなさい。

ア　波が穏やかで水深が浅い　　イ　波が穏やかで水深が深い

ウ　波が高く水深が浅い　　　　エ　波が高く水深が深い　〔　　　　〕

(4) D が発達している地域として当てはまらないものを，次のア～エから1つ選びなさい。

ア　チリ南部　　イ　ニュージーランド南島　　ウ　ノルウェー西岸　　エ　メキシコ湾岸

〔　　　　〕

2 離水によってできた地形

よく出る

次の文章を読み，あとの問いに答えなさい。

陸地が上昇または海面が低下して，海底地形が海面上に現れることを離水という。この作用がはたらく時，一般的に海岸線は単調になりやすい。

海底面が離水して，海面上に現れてできた広大な平坦地を A という。日本ではその沿岸部が B 海岸になっていることが多く，海水浴場などに利用されてきた。また，干潮時に現れる C は，古くは塩田として利用されたり， D によって農地へと転換されてきたりした歴史がある。

また，離水によって海底面が陸上に現れることと，波などによって海岸部が侵食されることが繰り返されてできた階段状の地形を E といい，上位の段丘面ほど水が得にくいため， X には向かない。

(1) ［　A　］〜［　E　］に当てはまる語を答えなさい。

　　　　A〔　　　　　　　　　　〕　B〔　　　　　　　　　　　　〕C〔　　　　　　　　　　　〕

　　　　D〔　　　　　　　　　　〕　E〔　　　　　　　　　　〕

(2) ［　X　］に当てはまる語を，次のア〜ウから1つ選びなさい。

　　ア　果樹園　　イ　水田　　ウ　畑　　　　　　　　　　　　　　　　　　　　〔　　　　　〕

よく出る 3 沿岸流がつくる地形

　次の説明と右の図を参考にして，A〜Eの地形の名前を答えなさい。

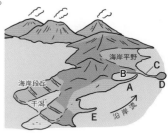

A 海岸線に沿って堆積した土砂が沿岸流によって移動すること
で入り江や湾を閉ざすように伸びたもの。

B Aが湾や入り江をふさいでできた浅い湖沼。

C 沖合いの島と陸とを繋ぐように発達したA。

D Cによって陸と繋がれた島。

E Aのうち，沿岸流の影響で鳥の嘴状に海に突き出たもの。

　　　　A〔　　　　　　　　　　〕　B〔　　　　　　　　　　　　〕C〔　　　　　　　　　　　〕

　　　　D〔　　　　　　　　　　〕　E〔　　　　　　　　　　〕

発展 4 サンゴ礁の発達

(1) 右の写真は，サンゴ礁が広がる国である。このような国
がある地域として当てはまるものを，次のア〜エから1つ
選びなさい。

　　ア　オセアニア　　イ　北アメリカ

　　ウ　東アジア　　エ　ヨーロッパ

　　　　　　　　　　　　　　　　　　　　　〔　　　　　〕

(2) 右の図は，サンゴ礁が発達する様子の断面を示
したものである。(1)の写真は，図のどの形態に当
てはまるか，A〜Cから選びなさい。

　　　　　　　　　　　　　　　〔　　　　　〕

(3) AからCに変化する要因として当てはまる内容を，次の①〜③から1つ選びなさい。

　　①　海水面の低下　　②　サンゴ礁の隆起（上昇）　　③　島の沈降（下降）

　　　　　　　　　　　　　　　　　　　　　　　　　　　　　　　　　　〔　　　　　〕

| STEP 1 | 重要ポイント

1 ①氷河地形

- **山岳氷河**…山岳地帯の氷河。斜面を流れ下る時に大地を侵食し，特有の地形をつくる。
- **U字谷**（じこく）…U字形に深くえぐり取られた地形。
- **カール（圏谷）**（けんこく）…U字谷の最上部にみられる，すり鉢状にえぐられたくぼ地。
- **ホーン（ホルン，尖峰）**（せんぽう）…山頂付近に取り残された，とがった峰。
- **モレーン**…削られた土砂が土手状に堆積。
- **氷河湖**…くぼ地などに水がたまって形成。
- **フィヨルド**…U字谷に海水が入り込んでできた，奥深い入り江。
- **大陸氷河（氷床）**…巨大なドーム状の氷河。

2 乾燥地形

- **③砂漠**（れき）…砂・礫・岩石があらわになり，植物がほとんど育たない土地。淡水が得られ，植物が生育する**オアシス**，普段はかれ川で降水時のみ流水が現れる**ワジ**がみられる。
- **メサ**…侵食されずに取り残されたテーブル状の地形。小規模で塔状のものは**ビュート**という。

3 カルスト地形

④石灰岩からなる土地が雨水や地下水で溶かされてできた独特な地形。

- **ドリーネ**…すり鉢状の凹地（おうち）。複数のドリーネがつながったいびつな凹地（おうち）を**ウバーレ**，さらに大規模なものを**ポリエ（溶食盆地）**という。

ドリーネ
ウバーレ
＊タワーカルスト
鍾乳洞
ポリエ
＊石灰岩の溶食が進んでできた岩峰。

カルスト地形の模式図

①雪や水などが重みで圧縮されて氷の塊になり，流動するもの。
②U字谷の谷底は平坦で，牧畜業が行われている。

氷河地形の模式図

ホーン（ホルン，尖峰）
U字谷
カール（圏谷）
モレーン
モレーン
氷河湖
モレーン
フィヨルド

③世界の砂漠のうち，およそ9割が岩石砂漠や礫砂漠で，砂砂漠は小面積。

岩石砂漠（チリ）

(PIXTA)

乾燥地形の模式図

メサ
ビュート
岩石砂漠
ワジ
オアシス
礫砂漠
砂砂漠

④石灰岩の主成分である炭酸カルシウムは，二酸化炭素を含む水に反応して石灰岩を溶かす。このような化学的な侵食を溶食という。

カルスト地形（山口県秋吉台）

(PIXTA)

解答・解説は別冊 p.6

氷河地形

❶ 山岳地帯で発達する，侵食力が大きい氷河を何というか。〔　　　　　〕

❷ ❶でみられる，氷河の侵食によって深くえぐられた谷を何というか。〔　　　　　〕

❸ ❷の最上部にできる，すり鉢状にえぐられたくぼ地を何というか。〔　　　　　〕

❹ ❶の山頂付近にできる，とがった峰を何というか。〔　　　　　〕

❺ ❷に海水が入り込んでできた深い入り江を何というか。〔　　　　　〕

❻ 氷床ともいわれる，巨大なドーム状の氷河を何というか。〔　　　　　〕

❼ 氷河による侵食でできたくぼ地に水がたまった部分を何というか。〔　　　　　〕

❽ 削られた土砂が氷河の周囲に土手状に堆積してできた丘を何というか。〔　　　　　〕

乾燥地形

❾ 岩石や礫，砂で覆われた，植物がほとんど育たない土地を何というか。〔　　　　　〕

❿ ❾でみられる，湧き水などで淡水が得られ，植物が生育する場所を何というか。〔　　　　　〕

⓫ ❾でみられる，降水時のみ流水がみられるかれ川を何というか。〔　　　　　〕

⓬ 乾燥地域で，水平な硬い岩層が侵食から取り残されたテーブル状の地形を何というか。〔　　　　　〕

⓭ ⓬と同様の要因で形成した，独立した塔状の地形を何というか。〔　　　　　〕

カルスト地形

⓮ 地表面が雨水や地下水で溶かされてできた，すり鉢状の小さな凹地を何というか。〔　　　　　〕

⓯ ⓮の凹地が複数つながった地形を何というか。〔　　　　　〕

⓰ ⓯から，さらに溶食が進んで形成された大規模な盆地（くぼ地）を何というか。〔　　　　　〕

1 氷河地形

次の文章を読み，あとの問いに答えなさい。

氷河は，山岳地帯でみられる ア と，南極大陸やグリーンランドでみられる巨大なドーム状の イ に分かれる。 ア では，侵食によって横断面がU字形になった ウ や，その最上部にできる エ とよばれるすり鉢状のくぼ地， オ とよばれる鋭くとがった峰をつくる。また， ウ に海水が入り込むと， カ とよばれる奥深い入り江が形成される。また，氷河の侵食によるくぼ地に水がたまってできた キ や，侵食で出た土砂が氷河に押し出されてできた土手状の ク もみられる。

(1) ア 〜 ク に当てはまる語を答えなさい。

ア〔 　　　　　　〕 イ〔 　　　　　　〕 ウ〔 　　　　　　〕

エ〔 　　　　　　〕 オ〔 　　　　　　〕 カ〔 　　　　　　〕

キ〔 　　　　　　〕 ク〔 　　　　　　〕

発展 (2) ウ ， エ ， オ は，侵食，堆積のどちらによってできたか，それぞれ答えなさい。

ウ〔 　　　　　　〕 エ〔 　　　　　　〕 オ〔 　　　　　　〕

発展 (3) カ は，沈水，離水のどちらによってできたか，答えなさい。

〔 　　　　　　〕

(4) 山岳地帯において貴重な平坦地であり，農牧業が営まれる場所として当てはまるものを， ウ ，
エ ， オ から1つ選びなさい。 〔 　　　　　　〕

よく出る 2 乾燥地形

次の文章を読み，あとの問いに答えなさい。

乾燥地には砂漠が広がる。私たちは砂漠と聞くと，砂丘の美しい景観を思い浮かべがちだが，世界の大半は ア が占めている。 ア は，風化によってより細かくなった岩屑の礫砂漠と区別することがある。

砂漠は1日のうちの気温差が大きく，岩盤の風化が激しい。砂漠で水は貴重な存在であり，地下水や外来河川によって水が得られる場所は イ とよばれる。この地域には，農業が可能となることで集落ができ， イ 都市としてシルクロードを通じた東西交易の舞台にもなった。また，一時的な降水時のみに流水がみられる ウ は，普段は交通路としても活用される。

(1) ア 〜 ウ に当てはまる語を答えなさい。

ア〔 　　　　　　〕 イ〔 　　　　　　〕 ウ〔 　　　　　　〕

発展 (2) 下線部を「気温の（ 　　　 ）差」という。（ 　　　 ）に当てはまる語を，漢字2字で答えなさい。

〔 　　　　　　〕

(3) 次の写真は，乾燥地域でみられる，風化と侵食を繰り返し，それらに抵抗力のあった部分が塔やテーブル状に残った地形の様子を示したものである。写真の**A**と**B**の地形の名前をそれぞれ答えなさい。

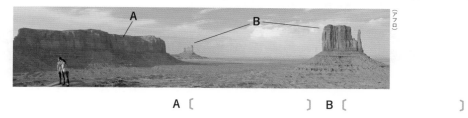

A〔　　　　　　　　　〕　B〔　　　　　　　　　〕

よく出る 3 カルスト地形

次の文章を読み，あとの問いに答えなさい。

　カルスト地形をなす石灰岩は，古い時代の有孔虫や貝類，　ア　から生成されており，セメントの原料となるだけでなく，グラウンドに引かれる白い線など，私たちの身のまわりで多く使われている。

　石灰岩は二酸化炭素を含んだ水と化学反応を起こして溶け，石灰岩が分布する地域では，雨水や地下水に溶かされてできた，すり鉢状の凹地である　イ　や，それらがつながった　ウ　，さらに溶食が進んで大規模なくぼ地となった　エ　がみられる。また，地下水が石灰岩を溶かして洞窟となった　オ　が景勝地となっている。

(1) 　ア　〜　オ　に当てはまる語を答えなさい。

ア〔　　　　　　　〕イ〔　　　　　　　〕ウ〔　　　　　　　〕
エ〔　　　　　　　〕オ〔　　　　　　　〕

(2) カルスト地形に当てはまらないものを，次の**A**〜**C**から1つ選びなさい。

A 秋吉台（山口県）　　　**B** コイリン（中国）　　　**C** ラウターブルンネン
　　　　　　　　　　　　　　　　　　　　　　　　　　　（スイス）

〔　　　　　　〕

第5章 | 大気大循環と気候

| STEP 1 | 重要ポイント

1 気候と気候要素

- ①**気候**…長期における②**大気**の平均的な総合状態。**気候要素**で示される。
- **気候要素**…気温，降水，風，湿度など，気象観測で測定されるもの。
- **気候因子**…緯度，海からの距離，海抜高度，地形，海流など，気候要素に差を生み出す要因。

2 気候の要因

1 気温が変化する要因

- **緯度の違い**…太陽による熱エネルギーの量は低緯度地域ほど多く，気温が高くなる。
- **陸と海の違い**…陸地は水よりも温まりやすく冷めやすいため，大陸内部は③**日較差（にちかくさ）**や④**年較差（ねんかくさ）**が大きい**大陸性気候**。反対に，沿海部はそれらが小さい**海洋性気候**。

2 降水が起こる要因

地表が太陽の熱で温められると，そこに接する空気も温められて**上昇気流**が発生。上空は地上に比べて気温が低いため，上昇した空気が冷やされて水蒸気が水の粒に変化して降水となる。

→熱帯が広がる赤道付近の低緯度地域は上昇気流が起こりやすく，降水量が多くなる。

3 風が起こる要因と大気大循環

- 風は空気の密度が高いところ（高気圧）から低いところ（低気圧）に向かって吹く。
- ⑤赤道から極付近にかけて，低圧帯と高圧帯が交互に形成。

  ①**熱帯収束帯**…上昇気流→湿潤。

  ②**亜熱帯高圧帯**…下降気流→乾燥。

  ③**亜寒帯低圧帯**…上昇気流→湿潤。

  ④**極高圧帯**

- **恒常風**…一年を通じてほぼ同じ方向に吹く風。

  ・**貿易風**…②→①へ吹く東寄りの風。

  ・⑥**偏西風**…②→③に吹く西寄りの風。

①気象は，気温・気圧などの大気の状態や，雨・風などの大気現象のことを指す。

②地球の表面を取り巻く空気の層。

緯度と熱エネルギー量の関係図

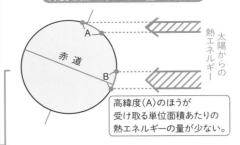

赤道

太陽からの熱エネルギー

高緯度(A)のほうが受け取る単位面積あたりの熱エネルギーの量が少ない。

③1日における最高気温と最低気温の差。

④1年における最暖月平均気温と最寒月平均気温の差。

大気大循環

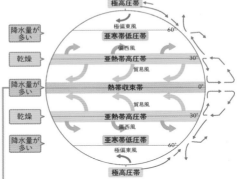

極高圧帯
降水量が多い
極偏東風 60°
亜寒帯低圧帯
乾燥
偏西風
亜熱帯高圧帯 30°
降水量が多い
貿易風
熱帯収束帯 0°
乾燥
貿易風
亜熱帯高圧帯 30°
降水量が多い
偏西風
亜寒帯低圧帯
極偏東風 60°
極高圧帯

⑤気圧帯は季節によって南北へ移動するため，雨季と乾季が生じる。夏に乾燥する地中海性気候は，夏季に亜熱帯高圧帯が張り出してくることが要因。

⑥緯度50度付近では，偏西風が大陸の西岸に暖流の上で温められた，湿った空気をもたらすため，大陸東岸よりも気温の年較差が小さくなる。

解答・解説は別冊 p.7

気候と気候要素

❶ 気候を構成する，気温，降水，風，湿度など気象観測で測定されるものを何というか。 〔　　　　〕

❷ ❶に差を生み出す要因となる緯度，海からの距離，海抜高度，地形，海流などをまとめて何というか。 〔　　　　〕

気温が変化する要因

❸ 1日における最高気温と最低気温の差を，気温の何というか。 〔　　　　〕

❹ 1年における最暖月平均気温と最寒月平均気温の差を，気温の何というか。 〔　　　　〕

❺ 陸地は温まりやすく冷めやすいため，大陸内部は❸や❹が大きくなる。この気候を何というか。 〔　　　　〕

❻ 海は温まりにくく冷めにくいため，沿岸部は❸や❹が小さくなる。この気候を何というか。 〔　　　　〕

降水が起こる要因

❼ 地表が太陽の熱で温められると，上昇気流と下降気流のどちらが発生するか。 〔　　　　〕

❽ 降水を引き起こすのは，上昇気流と下降気流のどちらか。 〔　　　　〕

風が起こる要因と大気大循環

❾ 赤道付近に形成される低圧帯を何というか。 〔　　　　〕

❿ 回帰線付近に形成される高圧帯を何というか。 〔　　　　〕

⓫ 緯度60度付近に形成される低圧帯を何というか。 〔　　　　〕

⓬ ❿から⓫にかけて一年中吹く，西寄りの風を何というか。 〔　　　　〕

⓭ 貿易風や⓬の風のように，一年中ほぼ決まった方向に吹く風を何というか。 〔　　　　〕

1　気候と気候要素

次の文章を読み，あとの問いに答えなさい。

長期間の大気の平均的な総合状態を　ア　といい，気温，降水，風，湿度など，気象観測で測定される　イ　で構成される。また，これらの　イ　に影響を与えるものを<u>気候因子</u>という。

〔よく出る〕(1)　ア　・　イ　に当てはまる語を答えなさい。

　　　　　　　　　　　　　　　　　　　　ア〔　　　　　　　　　　〕　イ〔　　　　　　　　　〕

(2)　下線部について，気候因子に当てはまるものを①～⑤からすべて選びなさい。

　①　緯度　　　②　経度　　　③　海抜高度　　　④　海流　　　⑤　地形

　　　　　　　　　　　　　　　　　　　　　　　　　　　　　　〔　　　　　　　　　　　　〕

〔発展〕

2　気温が変化する要因

次の文章を読み，ア～カに当てはまる語・記号をそれぞれ選びなさい。

昼間の学校の教室で，窓際に座る生徒が日射を防ごうとカーテンを閉める行為は**ア**（夏・冬）に多い。これは，その季節の太陽と地球の位置関係により，日射が地表面に対して直接教室内に入り込む角度になるからである。この場合，右の**図1**の**イ**（Ⅰ・Ⅱ）のように太陽光からの熱エネルギーが当たっていることになる。

日本とは異なり，赤道付近の**ウ**（低・高）緯度地域では，**図2**の**エ**（A・B）のように季節にほぼ関係なく太陽からの熱エネルギーが多く当たりやすいため，気温が高くなる。反対に，極付近の**オ**（低・高）緯度地域では，**図2**の**カ**（A・B）のように夏冬問わず太陽からの熱エネルギーが少ないため，気温が低くなる。

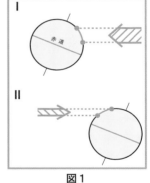

図1

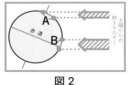

図2

　ア〔　　　　　　　　　　〕　イ〔　　　　　　　　〕

　ウ〔　　　　　　　　　　〕　エ〔　　　　　　　　〕

　オ〔　　　　　　　　　　〕　カ〔　　　　　　　　〕

3 **大陸性気候と海洋性気候**

次の文章を読み，あとの問いに答えなさい。

陸地は海洋に比べて，（　**X**　）という性質をもつ。海洋から遠く離れた大陸内部では，1日における最高気温と最低気温の差である　**A**　や，1年における最暖月平均気温と最寒月平均気温の差である　**B**　が大きい。反対に沿海部では，　**A**　や　**B**　が小さくなる。

(1)　（　**X**　）に入る内容として当てはまるものを，次の**ア～エ**から1つ選びなさい。

　　ア　温まりやすく冷めやすい　　　**イ**　温まりやすく冷めにくい

　　ウ　温まりにくく冷めやすい　　　**エ**　温まりにくく冷めにくい　　　　　　　〔　　　　〕

(2)　**A** ・ **B** に当てはまる語を，それぞれ漢字3字で答えなさい。

　　　　　　　　　　　　　　　　A〔　　　　　　　　　〕　**B**〔　　　　　　　　　〕

4 **大気大循環**

右の図は，大気大循環の模式図である。これを見て，次の問いに答えなさい。

(1)　図の**A～D**に当てはまる語を答えなさい。

　　　　　　　　　　A〔　　　　　　　　　〕帯

　　　　　　　　　　B〔　　　　　　　　　〕帯

　　　　　　　　　　C〔　　　　　　　　　〕帯

　　　　　　　　　　D〔　　　　　　　　　〕帯

(2)　図の**X**と**Y**のうち，蒸発量＜降水量となっているのはどちらか，選びなさい。

　　　　　　　　　　　　　　　　〔　　　　〕

(3)　図の**B**帯から**A**帯にかけて吹く東寄りの風，また**B**帯から**C**帯にかけて吹く西寄りの風の名前を答えなさい。

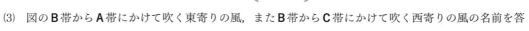

　　　　　　　B帯から**A**帯〔　　　　　　　　　〕　**B**帯から**C**帯〔　　　　　　　　　〕

第6章 | 気候区分と諸地域の気候

1 熱帯（A） ＊アルファベットはケッペンによる区分

赤道付近に分布。伝統的な住居は通気性のよい**高床式**になっている。主食は米のほか，やせた赤色土の**ラトソル**（フェラルソル）で栽培される**キャッサバ**，タロいもなど。

1 熱帯雨林気候（Af）

年中高温多雨で年較差も小さい。短時間で急激な雨が降る（**スコール**）。

- ①**熱帯雨林**…常緑広葉樹の密林。
- **プランテーション**…油やしなど**商品作物**を生産する大農園。伝統的な**焼畑農業**はプランテーションの増加に伴い減少。

2 熱帯モンスーン気候（Am）

②**季節風（モンスーン）**の影響で短い**乾季**がある。**稲作**地帯を形成。

3 サバナ気候（Aw）

③夏は**雨季**，冬は**乾季**となる。④疎林と低木が点在する長草草原（**サバナ**）が広がる。

- ブラジル高原に広がる**テラローシャ**でコーヒー，インドのデカン高原に広がる**レグール**という土壌で綿花の栽培が盛ん。

2 乾燥帯（B）

降水量が少なく，**オアシス**や⑤**外来河川**周辺で農業。気温の日較差が大きい。家畜を飼育する**遊牧**が行われる。

1 砂漠気候（BW）

年降水量が極めて少なく，⑥**砂漠**を形成。降雨時には**ワジ**が出現する。

- **灌漑農業**…地下水を利用して，なつめやしや小麦などを栽培している。地下水路は，イランではカナート，北アフリカではフォガラ，アフガニスタンではカレーズとよばれる。
- **日干しれんが**…土をこねてつくる。建屋の材料として利用。

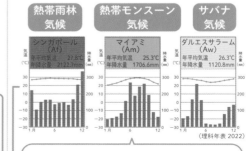

熱帯雨林気候	熱帯モンスーン気候	サバナ気候
シンガポール（Af）年平均気温 27.6℃ 年降水量 2122.7mm	マイアミ（Am）年平均気温 25.3℃ 年降水量 1706.6mm	ダルエスサラーム（Aw）年平均気温 26.3℃ 年降水量 1120.8mm

（理科年表 2022）

> 雨温図は，最寒月・最暖月の平均気温，降水量の季節変化に着目。気温の折れ線グラフは，山型＝北半球，谷型＝南半球と判断できる。

①東南アジアやアフリカではジャングル，南アメリカではセルバとよばれる。
②季節によって風向きが変わる風。夏季の季節風（モンスーン）はアジアに大量の降雨をもたらす。
③夏は熱帯収束帯下，冬は亜熱帯高圧帯下にあるため。
④樹木がまばらな林。

サバナ（ベネズエラ）

（アフロ）

⑤多雨地域に水源があり，乾燥地域に流れてくる河川。
⑥サハラ砂漠南縁のサヘルでは，砂漠化が深刻である。

砂漠気候	ステップ気候
リヤド（BW）年平均気温 27.0℃ 年降水量 127.3mm	ニアメ（BS）年平均気温 29.9℃ 年降水量 556.2mm

（理科年表 2022）

2 ステップ気候（BS）

砂漠気候の周辺に分布。降水量はやや多い。

- **ステップ**…短草草原。牧草に利用。
- 土壌…ウクライナからロシア南西部の，肥沃な黒色土が分布する**チェルノーゼム**や，北アメリカに広がるプレーリー土の₇**グレートプレーンズ**で小麦の栽培が盛ん。

3　温帯（C）

季節の変化に富み，気温も温暖で農業が発達。

1 地中海性気候（Cs）

中緯度の大陸西岸に分布する。₈夏は暑く乾燥し，冬は降水量が増加。

- **地中海式農業**…夏は耐乾性が強いオリーブ，ぶどう，**柑橘類**，冬は**小麦**などを栽培。

2 西岸海洋性気候（Cfb）

大陸西岸に分布し，温帯の中では最も高緯度に位置。大西洋北東部では，暖流と**偏西風**の影響で温暖。

- **混合農業**…穀物・飼料作物の栽培と，牧畜を組み合わせた農業。
- **酪農**…乳牛を飼育し，乳製品を製造。

3 温暖湿潤気候（Cfa）

中緯度の大陸東岸に分布。**季節風**により夏は高温多湿。₉熱帯低気圧や前線の影響で夏から秋にかけて大雨になることがある。

- 農業…東アジアで**稲作**，アメリカ合衆国の中央平原や南アメリカの湿潤パンパで小麦の栽培や牛の飼育。

4 温暖冬季少雨気候（Cw）

サバナ気候の高緯度側や大陸東岸の一部に分布。夏は高温多雨，冬は温暖で乾燥。

- 農業…アジアで米の₁₀**二期作**，中国やヒマラヤ山麓で茶の栽培。

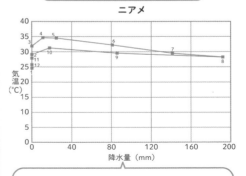

ステップ気候のハイサーグラフ
ニアメ

> ハイサーグラフは，気温を縦軸に，降水量を横軸にとり，1～12月の数値を線で結んだグラフ。縦幅から気温の年較差の大小，横幅から降水量の年較差の大小を読み取れる。

₇センターピボット（地下水を散布する灌漑農法）での穀物栽培と，それを飼料にしたフィードロット（肥育場）での肉牛の肥育が盛ん。

₈夏は亜熱帯高圧帯下，冬は低気圧や前線の影響を受けるため。

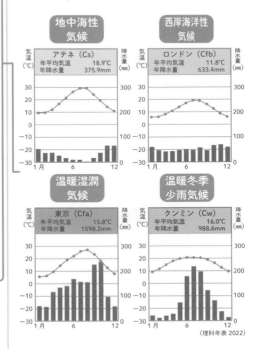

（理科年表 2022）

₉台風，サイクロン，ハリケーンなど。
₁₀同じ耕地で同じ作物を年に2回栽培すること。主に米を生産する。

4 亜寒帯（冷帯）（D）

北半球のみに分布。⑩**永久凍土**がみられる。

1 亜寒帯湿潤気候（Df）

北アメリカ北部やユーラシア大陸北部などに分布。南部は針葉樹と落葉樹の**混合林**，北部は常緑針葉樹林の**タイガ**が分布する。

● 農業…短い夏の間に小麦の栽培など。

2 亜寒帯冬季少雨気候（Dw）

ユーラシア大陸北東部に分布。気温の年較差が極めて大きい。シベリアのオイミャコンは北半球の寒極の1つ。

5 寒帯（E）

北極海周辺，南極大陸，⑫**高山地域**などに分布。厳寒で降水量が少ないため，樹木は生育しない。

1 ツンドラ気候（ET）

夏に気温が上がり，それ以外は雪や氷に覆われているため農耕は不能。主に狩猟と遊牧が行われている。

● **ツンドラ**…低温のため高木がない植生の地域。コケ類や草が夏に生育。

2 氷雪気候（EF）

年中気温は0℃未満で，**大陸氷河**がみられる。夏に**白夜**（太陽が沈まない），冬に**極夜**（太陽が昇らない）となる。

⑪常に凍結状態にある土壌。
⑫標高が上がり気温が低下する場所は，高山気候（H）に分類されることがある。

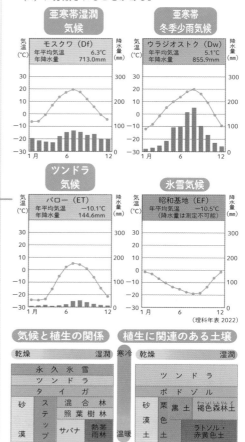

(理科年表 2022)

ケッペンの気候区分

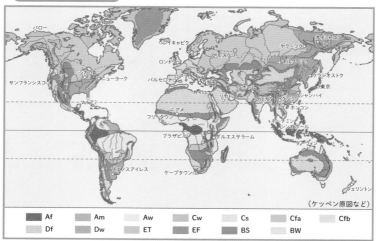

(ケッペン原図など)

気候区分と諸地域の気候

❶　熱帯のうち，赤道付近に分布し，一年中高温多湿で年較差が小さい気候を何というか。　　〔　　　　　　　〕

❷　❶の気候区などで植民地時代に開かれた，バナナや天然ゴム，油やしなどの商品作物を大規模に生産する農園を何というか。　　〔　　　　　　　〕

❸　熱帯のうち，季節風の影響で短い乾季をともなう気候を何というか。　　〔　　　　　　　〕

❹　熱帯のうち，夏の雨季と冬の乾季が明瞭な気候を何というか。　　〔　　　　　　　〕

❺　乾燥帯のうち，年降水量が極めて少なく，植物もほとんど育たない気候を何というか。　　〔　　　　　　　〕

❻　乾燥帯のうち，降水がややみられ，短草草原が形成される気候を何というか。　〔　　　　　　　〕

❼　温帯のうち，夏は暑く乾燥し，冬は降水が増える気候を何というか。　〔　　　　　　　〕

❽　❼の気候をいかし，夏には耐乾性の強いオリーブ，ぶどう，柑橘類などを，一定の降水がある冬には小麦を栽培する農業を何というか。　　〔　　　　　　　〕

❾　温帯のうち，主に大陸西岸に分布し，一年を通じて降水がみられ，高緯度のわりに温暖な気候を何というか。　　〔　　　　　　　〕

❿　❾の気候に影響を与えるのは，沿岸を流れる暖流と何の影響か。　　〔　　　　　　　〕

⓫　❾の気候などで行われる，小麦やトウモロコシなどの穀物・飼料栽培と牧畜を組み合わせた農業を何というか。　　〔　　　　　　　〕

⓬　❾の気候で行われる，乳牛を飼育し乳製品を生産する農業を何というか。　〔　　　　　　　〕

⓭　温帯のうち，四季が明瞭で中緯度の大陸東岸に分布する気候を何というか。　〔　　　　　　　〕

⓮　温帯のうち，夏は熱帯並みの高温多雨，冬は降水量が少なくなる気候を何というか。　　〔　　　　　　　〕

⓯　亜寒帯（冷帯）のうち，年間を通して降水があり，夏には農業が可能になる気候を何というか。　　〔　　　　　　　〕

⓰　⓯の気候でみられる，モミやマツなどの針葉樹林を何というか。　　〔　　　　　　　〕

⓱　亜寒帯のうち，冬の降水量が少なく気温も低いが夏は気温が高くなり，年較差が極めて大きい気候を何というか。　　〔　　　　　　　〕

⓲　寒帯のうち，夏に平均気温が上がるが，それ以外は雪と氷に覆われており，樹木が育たない気候を何というか。　　〔　　　　　　　〕

⓳　寒帯のうち，一年を通じて平均気温が 0 ℃未満で，大陸氷河が広がり人々の居住が限定される気候を何というか。　　〔　　　　　　　〕

1 気候区分

次の文章を読み，ア ～ エ に当てはまる語を答えなさい。

ドイツの気候学者 ア は，地域による植生の違いに着目して気候を区分した。ア は植物が生育するためには イ と降水量が不可欠であり，自然条件により ウ のある気候とない気候に大別し，さらに イ と降水量の違いによって気候を区分した。

ただし，例えば南アメリカのアンデス山脈など，低緯度でも標高が高くおだやかな気候で気温の年較差が小さい地域は，ア による気候区分とは別に エ 気候に分類することがある。

ア〔　　　　　　　〕 イ〔　　　　　　　〕 ウ〔　　　　　　　〕

エ〔　　　　　　　〕

2 気温と降水量を表すグラフ

次の文章と右のグラフを見て，あとの問いに答えなさい。

地域の月別平均気温と降水量を表すグラフは主に2種類ある。

①のグラフは ア といい，イ の推移を折れ線グラフ，各月の ウ を棒グラフで表したものである。これを見ると，折れ線グラフが「谷型」になっているため，都市ダルエスサラームは エ 半球に位置すると判断できる。また，棒グラフが長い月と短い月で差が大きいため，この都市では オ 季と カ 季が明瞭であることも読み取れる。

一方，②のグラフは キ といい，イ を縦軸，ウ を横軸にとり，1～12月までの月別の数値を線で結んだものである。折れ線の縦幅から ク の大小を読み取ることができる。また，折れ線のおおまかな形状から気候区を判断することができる。例えば，「樹木のない気候」は A（左・右）側に偏り，熱帯は B（縦・横）に広がらない形状となる。

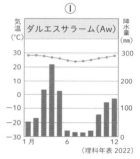

①

ダルエスサラーム（Aw）

（理科年表 2022）

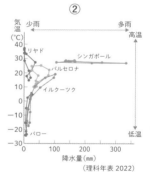

②

（理科年表 2022）

(1) ア ～ ク に当てはまる語を答えなさい。※オ・カは順不同

ア〔　　　　　　　〕 イ〔　　　　　　　〕 ウ〔　　　　　　　〕

エ〔　　　　　　　〕 オ〔　　　　　　　〕 カ〔　　　　　　　〕

キ〔　　　　　　　〕 ク〔　　　　　　　〕

発展 (2) A・Bに当てはまる語をそれぞれ選びなさい。

A〔　　　　　　　〕 B〔　　　　　　　〕

次の文章を読み、あとの問いに答えなさい。

　熱帯は、一年中気温が高く、年降水量が多いのが特徴で、　A　緯度の地域に分布する。中でも、赤道直下に分布するのが「　B　気候」である。午後になると　C　とよばれる短時間の激しい雨が降ったり、ₐ多種の常緑広葉樹からなる　B　が分布したりするのが特徴である。そこでは、伝統的に狩猟や　D　農業が行われていたが、17〜18世紀以降、欧米諸国の植民地支配の影響で、大規模な　E　がつくられた地域も多く、現在もバナナや天然ゴム、ᵦ油やしなどの　F　作物の生産が盛んに行われている。

　また、　B　気候に短い乾季がみられる場合は「熱帯モンスーン気候」に分類される。東南アジアや南アジア、アマゾン川流域に分布し、東南アジアと南アジアは世界的な稲作地帯となっている。

　さらに、熱帯の中で夏に熱帯収束帯、冬に亜熱帯高圧帯の影響を受ける気候を「　G　気候」という。疎林と低木を交えた長草草原が広がるのが特徴であり、꜀母岩の影響で肥沃な土壌が広がる地域では、コーヒーや綿花などの　F　作物が栽培される。

（よく出る）(1)　A　〜　G　に当てはまる語を答えなさい。

A〔　　　　　　　〕　B〔　　　　　　　〕　C〔　　　　　　　〕

D〔　　　　　　　〕　E〔　　　　　　　〕　F〔　　　　　　　〕

G〔　　　　　　　〕

(2)　「　B　気候」「熱帯モンスーン気候」「　G　気候」に当てはまる説明と雨温図を、次のア〜ウと図のX〜Zからそれぞれ選びなさい。

ア　高温で一年間の気温の変化は小さいが、季節風の影響で短い乾季がある。

イ　一年中気温が高く、年較差も極めて小さい。降水に恵まれ、年降水量が2000mmを超す地域も多い。

ウ　一年中高温だが、降水量の年較差が大きく、雨季と乾季が明瞭である。

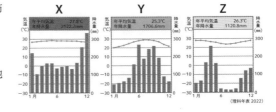

　B　気候〔　　　・　　　〕　熱帯モンスーン気候〔　　　・　　　〕

　G　気候〔　　　・　　　〕

(3)　下線部ₐについて、南アメリカのアマゾン川流域に広がる　B　の呼称を答えなさい。

〔　　　　　　　　　　　　　〕

（発展）(4)　下線部ᵦについて、これが使われる食品を1つ答えなさい。

〔　　　　　　　　　　　　　〕

(5)　下線部꜀について、このような母岩の影響によらず、降水量が多いことで養分が流されてしまった、熱帯に広がるやせた赤色土壌の名前を答えなさい。

〔　　　　　　　　　　　　　〕

4 乾燥帯と人々の暮らし

乾燥帯について，次の問いに答えなさい。

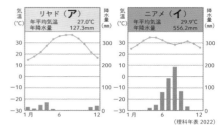
（理科年表 2022）

よく出る (1) 右は，乾燥帯に含まれる2地点の雨温図である。**ア**・
イに当てはまる気候区分名を答えなさい。

ア 〔　　　　　　　　　　　〕

イ 〔　　　　　　　　　　　〕

発展 (2) **イ**の気候と熱帯のサバナ気候の植生について比べた，
次のメモの（　）に当てはまる語を漢字1字で答えなさい。

> どちらも草原が広がるが，**イ**の気候の方がサバナ気候よりも草の丈が（　）い傾向にある。

〔　　　　　　　　　　　〕

(3) 乾燥帯は，乾燥によって気温の（　）較差が大きい。（　）に当てはまる語を漢字1字で答えなさい。

〔　　　　　　　　　　　〕

(4) **イ**の気候がみられる，ウクライナからロシア南西部にかけて分布する肥沃な黒色の土壌の名前を答えなさい。

〔　　　　　　　　　　　〕

発展 (5) 地理を学ぶ高校生が，乾燥帯の特徴を説明するために，右の2つの写真を準備した。これを見て，
次の問いに答えなさい。

① 写真**A**は，乾燥帯でみられる家屋の様子である。この家屋の
材料に利用されている，土をこねて強い日差しで乾かしてつく
られたものを答えなさい。

〔　　　　　　　　〕

家屋の様子（モロッコ）

② 写真**A**を見て説明できる乾燥帯の特徴として当てはまるもの
を，次の**ア**〜**ウ**からすべて選びなさい。

ア 年降水量が極めて少なく，樹林がまったくみられないこと。

イ 木材が得にくいため家屋の材料に土が利用されていること。

ウ オアシス周辺に集落があること。

〔　　　　　　　　〕

灌漑の様子（アメリカ合衆国）

③ 写真**B**は，アメリカ合衆国西部でみられる特徴的な耕地の様
子である。ここで行われている灌漑方法を何というか，答えな
さい。

〔　　　　　　　　〕

5 温帯と人々の暮らし

温帯について，次の問いに答えなさい。

よく出る (1) 右の雨温図で示した東京が属する気候区分名を答えなさい。

〔　　　　　　　　〕

(2) (1)の気候区に多く分布するものとして当てはまるものを，次の**ア〜エ**から
1つ選びなさい。

ア 米の二期作地帯　　**イ** 砂漠化の進行地帯
ウ 人口集中地帯　　**エ** 遊牧地帯

〔　　　　　　　　〕

よく出る (3) 右の**A〜C**の雨温図は，ロンドン（イギリス），ア
テネ（ギリシャ），クンミン（中国）のいずれかの都
市のものである。**A〜C**と都市名の組み合わせとして
正しいものを，次の**ア〜カ**から1つ選びなさい。

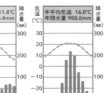

ア **A** アテネ　　　　**B** クンミン　　　**C** ロンドン
イ **A** アテネ　　　　**B** ロンドン　　　**C** クンミン
ウ **A** クンミン　　　**B** アテネ　　　　**C** ロンドン
エ **A** クンミン　　　**B** ロンドン　　　**C** アテネ
オ **A** ロンドン　　　**B** アテネ　　　　**C** クンミン
カ **A** ロンドン　　　**B** クンミン　　　**C** アテネ

〔　　　　　　　　〕

(4) 次の**P〜S**の文は，(1)・(3)の計4地点の雨温図で示した気候の成因についてまとめたものである。
東京と**B**の雨温図の地点に当てはまる説明をそれぞれ選びなさい。

P 夏は亜熱帯高圧帯下，冬は低	**Q** 沖合いを流れる暖流と，偏西
気圧と前線の影響を受ける。	風の影響を受ける。
R 熱帯の高緯度側に分布し，冬	**S** 夏に南東から，冬に北西から
は亜熱帯高圧帯の影響を受ける。	吹く季節風の影響を受ける。

東京〔　　　　　　〕　**B**〔　　　　　　〕

発展 (5) 次の文章は，温帯で行われている混合農業について述べたものである。　**X**　・　**Y**　に当ては
まる語を答えなさい。

この農業ではさまざまな作物が栽培されるが，小麦やライ麦は　**X**　用，トウモロコシ・根菜
類・牧草は　**Y**　用に栽培され，連作を避けるために牧畜と組み合わせて輪作される。

X〔　　　　　　〕　**Y**〔　　　　　　〕

(6) 右の写真は，(3)の**A**の雨温図の気候区分で盛んに栽培される農作
物である。この農作物の名前を答えなさい。

〔　　　　　　　　〕

6 亜寒帯・寒帯と人々の暮らし

次の文章を読み，あとの問いに答えなさい。

亜寒帯（冷帯）は，年中降水がある　X　気候と，冬季に降水が少ない　Y　気候に大別される。どちらも短い夏の間には農業が可能で，　Z　ではダーチャとよばれる農園付き別荘を都市居住者が訪れ，野菜や果物を栽培して保存食に加工したり，販売したりしている。

よく出る (1) 　X　～　Z　に当てはまる語・国名を答えなさい。

X〔　　　　　　〕 Y〔　　　　　　〕 Z〔　　　　　　〕

(2) 右の図は，寒帯に含まれる2地点の雨温図である。
A・Bに当てはまる気候区分名を答えなさい。

A〔　　　　　　〕

B〔　　　　　　〕

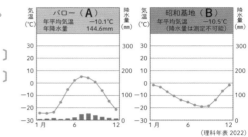

(理科年表2022)

発展 (3) 右の図は，1年間で地球が太陽の周りを公転する際の，ある季節の位置関係を模式的に表したものである。「地球C」の時の北極圏の様子と，「地球D」の時の北極圏の様子を説明したものとしてそれぞれに当てはまるものを，次のア・イから選びなさい。また，その状態を何というか，それぞれ漢字2字で答えなさい。

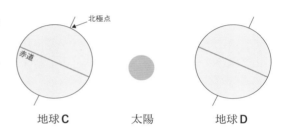

ア　太陽が一日中昇らない状態　　イ　日の出前や日没後でも暗くならない状態

地球Cの位置の時　様子〔　　　〕 名前〔　　　　　　〕

地球Dの位置の時　様子〔　　　〕 名前〔　　　　　　〕

(4) 次の表は，亜寒帯と寒帯の土壌と植生の関係についてまとめたものである。表中のEに当てはまる凍結状態の土壌と，Fに当てはまる針葉樹林帯の名前をそれぞれ答えなさい。

気候帯	気候区分	土壌		植生
寒帯	氷雪気候	永久氷雪		なし
	ツンドラ気候	ツンドラ土 （北部）　〃	E	草 コケ類
亜寒帯	Y　気候	（南部）ポドゾル 〃		F
	X　気候			

E〔　　　　　　〕 F〔　　　　　　〕

図1のケッペンの気候区分の指標と，図2の各気候区分の分布を表す地図を見て，①〜⑬に当てはまる気候区分名を答えなさい。

図1

樹林気候	最寒月の平均気温が18℃以上	A 熱帯	年間を通して降雨がある			①
			明瞭な雨季と乾季			②
	最寒月の平均気温が18℃未満−3℃以上	C 温帯	降水量に季節差がある	夏雨		③
				冬雨		④
			年間を通して降雨がある	温暖		⑤
				冷涼		⑥
	最寒月の平均気温が−3℃未満 最暖月の平均気温が10℃以上	D 亜寒帯（冷帯）	年間を通して降水がある			⑦
			冬の降水が少ない			⑧
無樹林気候	最暖月の平均気温が10℃未満	E 寒帯	最暖月の平均気温0℃	以上		⑩
				未満		⑪
	年間降水量が乾燥限界未満	B 乾燥帯	降水量が乾燥限界の1/2	以上		⑫
				未満		⑬

① 〔　　　　　　　〕気候
② 〔　　　　　　　〕気候
③ 〔　　　　　　　〕気候
④ 〔　　　　　　　〕気候
⑤ 〔　　　　　　　〕気候
⑥ 〔　　　　　　　〕気候
⑦ 〔　　　　　　　〕気候
⑧ 〔　　　　　　　〕気候
⑨ 〔　　　　　　　〕気候
⑩ 〔　　　　　　　〕気候
⑪ 〔　　　　　　　〕気候
⑫ 〔　　　　　　　〕気候
⑬ 〔　　　　　　　〕気候

図2

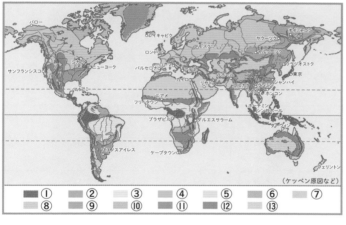

（ケッペン原図など）

■① ■② ③ ■④ ⑤ ■⑥ ⑦
⑧ ■⑨ ⑩ ■⑪ ■⑫ ⑬

1 次の文章を読み，あとの問いに答えなさい。 ((2)〜(4)は各5点，(4)は完答 ほかは各4点 計31点)

　世界の平野は， **A** と堆積平野に分けられる。 **A** には楯状地や，テーブル状の形をした **B** が含まれる。これが①ゆるやかに傾斜し，硬軟の地層が不均一に侵食されてできた地形がパリ盆地などでみられる。 **A** は大規模のものが多いが，河川の営力によってできた堆積平野には小規模のものが多い。日本の平野の多くは堆積平野であり，今も河川により形成中の平野を **C** という。 **C** は上流から，Ｖ字谷，②扇状地，③氾濫原， **D** に大別できる。また，Ｕ字谷やホルンなどの地形は，高緯度地域や高地で観察することができる。

(1) **A** 〜 **D** に当てはまる語を答えなさい。

(2) 下線部①の地形の名前を答えなさい。

(3) 下線部②の説明として当てはまるものを，次の**ア〜ウ**から1つ選びなさい。

　ア 扇央では平常時に河川が地上に現れずに水無川となりやすく，果樹園が発達しやすい。

　イ 扇端では比較的粒の大きい石や岩が多いため，水田や集落には向かない。

　ウ 扇頂では湧水が起こりやすく，大規模な集落が形成されやすい。

(4) 下線部③にみられる地形として当てはまるものを，次の語群からすべて選びなさい。

[語群]　河岸段丘　　谷底平野　　自然堤防　　三日月湖　　ポリエ

(1)	**A**		**B**		**C**		**D**	
(2)			(3)		(4)			

2 次の地図を見て，あとの問いに答えなさい。 (各5点 計35点)

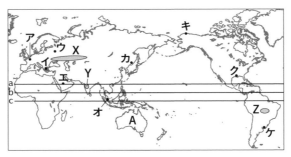

(1) 赤道に当てはまるものを，**a〜c**から1つ選びなさい。

(2) **A**の大陸の約3分の2を占める気候帯名を答えなさい。

(3) 次の表は，ある都市の月平均気温と月別降水量を示したものである。この表に当てはまる都市を，地図中の**ア〜ケ**から1つ選びなさい。

	1月	2月	3月	4月	5月	6月	7月	8月	9月	10月	11月	12月
気温（℃）	10.1	10.6	12.8	16.2	21.1	26.1	28.9	29.0	24.7	20.1	15.5	11.7
降水量（mm）	52.2	36.7	37.7	26.0	16.3	9.8	9.4	2.6	16.6	37.0	66.1	65.5

（気象庁）

(4) 右の **L・M** の雨温図に当てはまる都市を，地図中の**ア～ケ**からそれぞれ選びなさい。また，**M** の雨温図のような月降水量に影響をあたえる恒常風の名前を答えなさい。

(5) 右の写真は，肥沃な土壌で商品作物として収穫される作物である。この作物の収穫がみられる場所を，地図中の**X～Z**から１つ選びなさい。

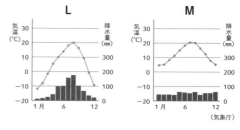

(PIXTA)

(1)		(2)			(3)	
(4) **L**		**M**		**恒常風**		(5)

3　次の文章を読み，あとの問いに答えなさい。　　　　((3)・(4)は各5点，ほかは各4点　計34点)

　サンゴは主に低緯度の海域に分布しており，サンゴ礁を形成する。サンゴ礁は海面上昇または陸地の［**X** 隆起・沈降］によって形成され，裾礁→堡礁→　**A**　の順に変化する。

　日本の南西諸島にはサンゴ礁でできた島々が多くあり，そこではカルスト地形がみられる。この地形は，主に　**B**　を含む雨水や地下水で侵食が進んで形成される。これによってできたすり鉢状の凹地を　**C**　といい，それらが結合してできたくぼ地をウバーレという。サンゴ虫の遺骸などからなる　**D**　岩は，琉球諸島の家屋では石垣などの建材として利用されてきた。

　サンゴ礁の形成の北限より高緯度側の海岸部は，さまざまな形態の海岸がみられる。土地の［**Y** 隆起・沈降］や海面の低下でできた①海岸平野の沿岸部では，沿岸流に船が流されないための港の造成に高度な技術を要する。その点で，②リアス海岸は「天然の良港」といえる。

(1) **X・Y** に当てはまる語をそれぞれ選びなさい。

(2) 　**A**　～　**D**　に当てはまる語を答えなさい。

(3) 下線部①の理由として当てはまるものを，次の**ア～ウ**から１つ選びなさい。

　　ア 沿岸部に砂質が多く，陸地を掘り込んでも砂で埋まりやすいため。

　　イ ラグーンが形成されやすく，港の造成に障害となるため。

　　ウ 陸繋島と陸地がトンボロで繋がりやすいため。

(4) 下線部②の海岸は土地の沈降や海面の上昇によって形成される。同様に沈水によって形成された海岸地形を１つ答えなさい。

(1) **X**		**Y**		(2) **A**		**B**	
C		**D**		(3)		(4)	

1 次の図と，自然環境と人々の暮らしの関係について調べている高校生のＡさんとＢさんの会話文を読み，あとの問いに答えなさい。

図1

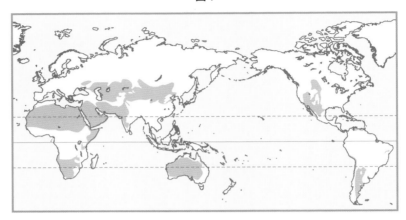

Ａさん：**図1**は，ケッペンの気候区分のうち，┌ **a** ┐ 帯の分布を示しているね。回帰線付近にこの気候帯が多く分布しているのはなぜだろう。

Ｂさん：低緯度地域は太陽からの熱エネルギーの量が一年中多いから，（ **ア** ）気流がよく起こるんだったよね。その空気が南北の高緯度側に移動して，回帰線付近で（ **イ** ）するからじゃないかな。

Ａさん：世界の砂漠の多くが，その地域にあるということかな。

Ｂさん：そうだね。ほかにも湿った空気が入り込みにくかったり，別の理由で気流が起こりにくかったりする場所など，違うメカニズムでできた砂漠も多くあるみたいだ。

Ａさん：雨が多いか少ないかは，緯度と日射量の関係だけで決まるとは限らないんだね。

問題

(1) ┌ **a** ┐ に当てはまる気候帯の名称を答えなさい。

〔　　　　　　　　〕

(2) （ **ア** ）（ **イ** ）には「下降」「上昇」のどちらが入るか，それぞれ答えなさい。

ア〔　　　　　　　〕 イ〔　　　　　　　〕

(3) 下線部について，あとの**カ〜ク**は，砂漠が形成される条件を説明したものである。次の**図2**中の
A・Bの砂漠が形成された要因として当てはまるものを，**カ〜ク**からそれぞれすべて選びなさい。

図2

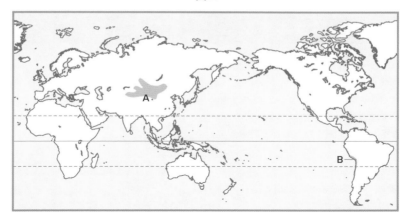

カ 亜熱帯高圧帯の影響下にあること。

キ 沖合を寒流が流れることで，大気が安定していること。

ク 海岸から離れすぎて，海洋の湿った空気が供給されにくいこと。

A〔　　　　　　　　〕 B〔　　　　　　　　〕

(4) **図1**の気候帯に含まれる都市のハイサーグラフを，**サ〜ス**から1つ選びなさい。

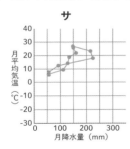
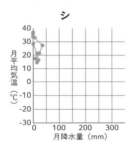
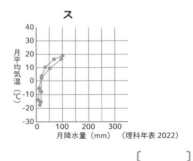

（理科年表 2022）

〔　　　　　　〕

(5) **図1**の気候帯で主に栽培されている作物として当てはまるものを，次の**タ〜テ**から2つ選びなさい。

タ

チ

ツ

テ

〔　　　　　〕〔　　　　　〕

第1章 | 産業と人々の暮らし

STEP 1 | 重要ポイント

1 農業の区分や発展

1 農業に影響を与える要因

- 農産物の栽培条件…₁自然条件と₂社会条件。
- **栽培限界**…気温や降水量の影響で栽培ができなくなる限界線。

2 農業の発展

- **自給的農業**…農産物を家族や小さな社会で消費する目的で生産すること。
- **商業的農業**…農産物を販売する目的で生産すること。
- **企業的農業**…商業的農業のうち，企業が大資本のもと，大規模に行う農業。企業的牧畜では肉牛の₄肥育が盛ん。
- **₅緑の革命**…米や小麦などの高収量品種を普及させ，食料不足を改善した。

2 工業の発展と現代の産業

1 工業の発展

- **₆付加価値**…製品を生産することによって生み出された新しい価値のこと。
- 軽工業…食品，衣類など消費財を生産する。
- 重工業…鉄鋼などの生産財を生産する。
- 重化学工業…自動車や化学製品などを生産する。
- **₇先端技術産業**…電子，新素材，航空宇宙産業など最先端の技術を用いた産業。

2 産業のグローバル化と知識産業化

- **国際分業**…各国の特性を活かした製品を相互に輸出する。
- **グローバル化**…交通網の発展や通信技術の発達で，₈多国籍企業をはじめ，地球規模での経済活動が活発化。
- **コンテンツ産業**…アニメやゲームソフトの制作・販売や音楽配信などにより利益を得ている。

₁気温，降水量，地形，土壌，高度など。
₂市場までの距離，輸送機関など。
₃寒冷限界，乾燥限界などがある。

世界の農業地域と作物の栽培限界

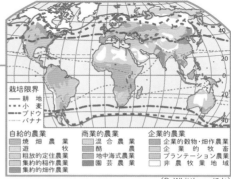

栽培限界
—— 耕　地
---- 小　麦
-・- ブドウ
・・・・ バナナ

自給的農業
焼畑農業
遊　　牧
粗放的定住農業
集約的稲作農業
集約的畑作農業

商業的農業
混合農業
酪　　農
地中海式農業
園芸農業

企業的農業
企業的穀物・畑作農業
企業的牧畜
プランテーション農業
非農牧業地域

(D. Whittlesey ほか)

₄肉牛を濃厚飼料で飼育する大規模な肥育場（フィードロット）がみられる。
₅1960〜70年代に東南アジアや南アジアで行われた。
₆原材料を加工して付加価値を加えた製品をつくるのが工業。
₇アメリカ合衆国カリフォルニア州サンノゼのシリコンヴァレーにはICT産業の企業が集中。

シリコンヴァレーの様子（2022年）

ICT企業などが集まっているところ

₈複数の国に生産や販売拠点を置く企業。

農業の区分や発展

❶ 農産物の栽培可能な範囲の限界を何というか。 〔　　　　　　〕

❷ 農産物の栽培に必要な水を，河川などから水路を通して耕地に引くことを何というか。 〔　　　　　　〕

❸ 農産物の生産力を上げるために，より適した土壌を他の地域から持ち込むことを何というか。 〔　　　　　　〕

❹ 遊牧や焼畑農業など，農産物を個人の消費目的で生産する農業形態を何というか。 〔　　　　　　〕

❺ 混合農業，園芸農業など，農産物を販売する目的で生産する農業形態を何というか。 〔　　　　　　〕

❻ ❺のうち，企業が大資本のもと，大規模に行う農業形態を何というか。 〔　　　　　　〕

❼ 濃厚飼料などを使って飼育する，肉牛の大規模な肥育場を何というか。 〔　　　　　　〕

❽ 1960〜70年代にかけて，東南アジアなどで行われた，米の高収量品種を普及させ，食料不足の改善を図った技術革新を何というか。 〔　　　　　　〕

❾ 人工的に遺伝子を操作して，新たな性質をもたせた作物のことを何というか。 〔　　　　　　〕

工業の発展と現代の産業

❿ 18世紀後半にイギリスで起こった工業化や，それに伴う社会の変化を何というか。 〔　　　　　　〕

⓫ 製品を生産することによって生み出された新しい価値のことを何というか。 〔　　　　　　〕

⓬ 国家と国家との間で，それぞれが強みをもつ製品を相互に輸出することを何というか。 〔　　　　　　〕

⓭ グローバル化によって地球規模での経済活動が活発化する中で，複数の国に生産や販売の拠点を置く企業を何というか。 〔　　　　　　〕

⓮ アニメ，ゲームソフトなどの制作・販売を行う産業を何というか。 〔　　　　　　〕

1 農業に影響を与える要因

次の文章を読み，あとの問いに答えなさい。

農業に影響を与える要因には，気候や気温，土壌などの自然条件と，市場までの距離や輸送手段の影響を受ける ア がある。各農産物には栽培限界があり，気温の低い地域の イ 限界や，降水量の少ない地域の ウ 限界がある。

ア ～ ウ に当てはまる語を答えなさい。
ア〔　　　　　　　〕 イ〔　　　　　　　　　〕 ウ〔　　　　　　　　　〕

よく出る 2 農業の発展

次の文章と図を参考に，あとの問いに答えなさい。

アメリカ合衆国の地理学者であるホイットルセーは，世界の農業を，農産物の自家消費を主目的に栽培する自給的農業，農産物を販売目的で生産する商業的農業，大資本のもと，企業が大規模に行う企業的農業などに分類した。

自給的農業には，主にモンスーンアジア地域の ア 農業や，乾燥地域で草を求めて移動する イ などがある。また，企業的農業には熱帯・亜熱帯地域で輸出向けの商品作物を単一大規模栽培する ウ 農業などがある。

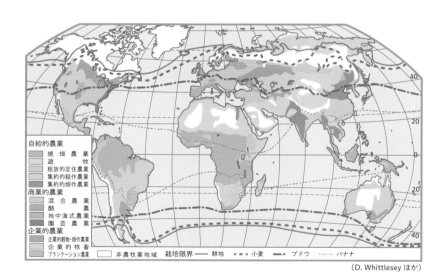

自給的農業
焼 畑 農 業
遊　　　　牧
粗放的定住農業
集約的稲作農業
集約的畑作農業
商業的農業
混 合 農 業
酪　　　　農
地中海式農業
園 芸 農 業
企業的農業
企業的穀物・畑作農業
企 業 的 牧 畜
プランテーション農業　非農牧業地域　栽培限界——耕地 ■■■ 小麦 ■■■ ブドウ ……… バナナ

(D. Whittlesey ほか)

(1) ア ～ ウ に当てはまる語を答えなさい。
ア〔　　　　　　〕 イ〔　　　　　　　　〕 ウ〔　　　　　　　　　〕

(2) 下線部に関連して，商業的農牧業に含まれないものを，次の**ア～エ**から1つ選びなさい。

ア 園芸農業　　**イ** 混合農業　　**ウ** 焼畑農業　　**エ** 地中海式農業

〔　　　　　〕

ミス注意 **3** ## 工業の発展

次の文章を読み，あとの問いに答えなさい。

18世紀後半にイギリスで起こった　**ア**　は，綿工業などの　**イ**　工業で始まり，19世紀後半には鉄鋼業などの　**ウ**　工業が発展した。20世紀になると，自動車や化学製品などを生産する　**エ**　工業が発達した。技術革新が一層進むと，先進国を中心に最先端の技術を用いた　**オ**　産業が発達した。アメリカ合衆国では，1970年代に北緯37度以南の　**カ**　を中心にICT産業が盛んとなった。

　ア　～　**カ**　に当てはまる語を答えなさい。

ア〔　　　　　　　　〕イ〔　　　　　　　　〕ウ〔　　　　　　　　〕
エ〔　　　　　　　　〕オ〔　　　　　　　　〕カ〔　　　　　　　　〕

---

4 ## 産業のグローバル化と知識産業化

次の文章を読み，あとの問いに答えなさい。

近年は，各国が海外拠点を設け，国家間で相互に得意な生産物を輸出する　**ア**　を行う傾向がみられる。また，物流や通信技術などの発達により　**イ**　化が進む現代では，複数の国に生産・販売の拠点を設けている　**ウ**　が，地球規模で活動の場を広げている。

現在，日本をはじめとする先進国では，独創力や技術力をいかした新製品の開発などを手掛ける　**エ**　ビジネスへの参入や，アニメやゲームソフトの開発などを行う　**オ**　産業が発達している。

　ア　～　**オ**　に当てはまる語を答えなさい。

ア〔　　　　　　　　〕イ〔　　　　　　　　〕ウ〔　　　　　　　　〕
エ〔　　　　　　　　〕オ〔　　　　　　　　〕

STEP 1 | 重要ポイント

1 民族と言語

1 民族

- **民族**…言語・宗教・慣習などを共有する集団のこと。
- **民族国家**…国民国家ともよばれる，❶同じ民族の集団からなる国のこと。

2 言語・公用語

- **国語**…その国の国家語として憲法などで定められた言語。
- **公用語**…その国で公な場所で使用すると定められた言語。複数の公用語をもつ国もある。
→アフリカのサハラ砂漠以南の多くの国は，❷旧宗主国のイギリスやフランスなどの言語が公用語。ラテンアメリカの多くの国はスペイン語が公用語だが，ブラジルはポルトガル語が公用語。

2 宗教と人々の暮らし

- **世界宗教**…キリスト教，イスラーム（イスラム教），仏教。
- **キリスト教**…主にカトリック，プロテスタント，正教会（東方正教会）の宗派に分かれている。
- **イスラーム**…主に西アジアから北アフリカにかけての一帯や，東南アジアの島しょ部などで広く信仰されている。イスラム教徒のことを❸ムスリムとよぶ。
- **仏教**…東南アジアのインドシナ半島から東アジアにかけて信者が多い。
- **民族宗教**…特定の民族と結びついた宗教。ヒンドゥー教，ユダヤ教など。
- **ヒンドゥー教**…主にインド，ネパールなどで信仰され，❹カースト制という概念がある。
- **ユダヤ教**…イスラエルに信者が多く，聖地はイスラエルの❺エルサレム。

❶実際は主要民族のほか複数の少数民族からなる多民族国家がほとんどである。

世界の公用語の分布

世界の公用語
- 中国語
- スペイン語
- 英語
- アラビア語
- ポルトガル語
- ロシア語
- ドイツ語
- フランス語
- その他
- 資料なし

（データブック オブ・ザ・ワールド2022）

複数の公用語をもつ国の例

国　名	公　用　語
シンガポール	中国語，マレー語，タミル語，英語（ビジネス言語として使用）
ベルギー	オランダ語，フランス語，ドイツ語
スイス	ドイツ語，フランス語，イタリア語，ロマンシュ語

❷かつて他国を植民地支配していた国で，欧米諸国が多い。

世界の宗教分布

- キリスト教
- 仏　教
- イスラーム（イスラム教）
- ヒンドゥー教
- その他

（Diercke Weltatlas 2015）

❸ムスリムは，聖典コーラン（クルアーン）の教えを遵守しており，サウジアラビアのメッカに向かって1日5回の礼拝，断食月（ラマダン，ラマダーン）に行う断食などのほか，豚肉を食すことや飲酒を禁止している。宗教で認められた方法で調理された食品（ハラールフード）を食べる。
❹ヒンドゥー教に基づいたインド特有の身分制度のこと。
❺キリスト教，イスラーム，ユダヤ教の聖地。

解答・解説は別冊 p.11

民族

❶ 言語・宗教・慣習などを共有する集団を何というか。　〔　　　　　〕

❷ ❶のうち，複数の❶によって構成される国家の中で相対的に人口が少ない集団を何というか。　〔　　　　　〕

❸ 同じ❶の集団からなる国のことを何というか。　〔　　　　　〕

❹ 2つ以上の❶で構成されている国家を何というか。　〔　　　　　〕

言語・公用語

❺ フランス語，ドイツ語，イタリア語，ロマンシュ語が公用語の国はどこか。　〔　　　　　〕

❻ かつて植民地支配を行っていた国のことを何というか。　〔　　　　　〕

❼ ブラジルを除くラテンアメリカ諸国の多くの国で公用語となっているのは何語か。　〔　　　　　〕

❽ ブラジルの公用語は何語か。　〔　　　　　〕

世界の宗教と人々の暮らし

❾ 世界宗教には，イスラーム，仏教のほかに何教があるか。　〔　　　　　〕

❿ イスラームの聖典を何というか。　〔　　　　　〕

⓫ ムスリムが食してはいけない肉は何の肉か。　〔　　　　　〕

⓬ イスラームの教えで認められた方法で調理された食品を何というか。　〔　　　　　〕

⓭ 特定の民族と結びついた宗教を何というか。　〔　　　　　〕

⓮ ⓭のうち，インドやネパールで信仰されている宗教を何というか。　〔　　　　　〕

⓯ ユダヤ教・キリスト教・イスラームの聖地がある都市はどこか。　〔　　　　　〕

1 民族

次の文章を読み，あとの問いに答えなさい。

民族とは，言語， ア ，慣習などを共有する集団である。1つの国に複数の民族がいることは決してめずらしいことではなく，相対的に人口の少ない イ が，多数派の民族に圧迫を受けることもある。

ア ・ イ に当てはまる語を答えなさい。

ア〔　　　　　　　　　〕 イ〔　　　　　　　　　〕

発展

2 言語・公用語

次の文章を読み，あとの問いに答えなさい。

世界には多くの言語が存在しているが，各国では特定の言語を ア や イ として定めている。その国で国家語として憲法などで定められているのが ア で，その国で公の場所で使用すると定められているのが イ である。中には複数の イ をもつ国もある。かつて欧米諸国の ウ 支配を受けていた背景から，ラテンアメリカの多くの国で エ 語が イ として使用されており，ブラジルでは オ 語が使用されている。

(1) ア 〜 オ に当てはまる語を答えなさい。

ア〔　　　　　　　　〕 イ〔　　　　　　　　〕 ウ〔　　　　　　　　〕
エ〔　　　　　　　　〕 オ〔　　　　　　　　〕

(2) 下線部について，シンガポールでは カ 語，タミル語，マレー語，さらにビジネス言語として キ 語が使用されている。
カ ・ キ に当てはまる語を答えなさい。

カ〔　　　　　　　　〕 キ〔　　　　　　　　〕

(3) 下線部について，図1と図2のAとBに当てはまる言語をそれぞれ答えなさい。

A〔　　　　　　　　〕 B〔　　　　　　　　〕

図1　　　　　　　　　　　　　　　図2

▲スイスの言語分布　　　（スイス連邦統計局）

▲ベルギーの言語分布　　　（図解地図資料）

次の文章を読み，あとの問いに答えなさい。

ヨーロッパ，南北アメリカに信者が多い ア は，カトリック，プロテスタント，正教会に大きく分かれる。西アジアや北アフリカなどで信仰される イ は，多数派のスンナ派（スンニ派）と少数派のシーア派に分かれる。

インドでは ウ を基盤とするカースト制が社会に根強く残っている。

中国や日本などをはじめとする東アジアや東南アジアでは エ の信者が多い。

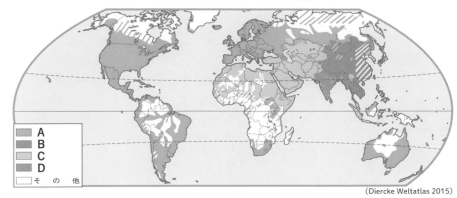

(Diercke Weltatlas 2015)

▲世界の宗教分布

(1) ア ～ エ に当てはまる語を答えなさい。

ア〔　　　　　　　　〕 イ〔　　　　　　　　〕 ウ〔　　　　　　　　〕

エ〔　　　　　　　　〕

(2) 図の A ～ D に当てはまる宗教は，(1)のア～エのどれか。当てはまる記号を1つずつ答えなさい。

A〔　　　〕 B〔　　　〕 C〔　　　〕 D〔　　　〕

(3) 次の写真は，ムスリムの日課の1つである礼拝の風景である。ムスリムに関連するあとの文章の ア ～ ウ に当てはまる語を答えなさい。

(アフロ)

ムスリムは1日5回，聖地 ア に向かって礼拝をする。アルコールをとることや イ 肉を食することは禁止されている。

日の出から日没まで断食をする ウ とよばれる断食月が決められている。

ア〔　　　　　　　〕

イ〔　　　　　　　〕

ウ〔　　　　　　　〕

定期テスト対策問題③

解答・解説は別冊 p.12

得点

/100

1 次の文章を読み，あとの問いに答えなさい。 （各5点 計50点）

　農業は，自然環境や社会環境に影響されながら，世界の諸地域でさまざまな発展をしている。

　熱帯の地域では，タピオカの原料となるいも類の一種である　**ア**　などの①焼畑農業のほか，輸出を目的として，油やし，コーヒー，バナナなどの　**イ**　を欧米の資本によって大規模に栽培する②プランテーション農業などが行われてきた。

　乾燥帯の地域では，オアシスなどから水を引いて行う　**ウ**　農業によって，乾燥に強いなつめやしや小麦などを栽培してきたほか，③らくだなどを飼育しながら草や水を求めて移動する　**エ**　を行ってきた。

　アジアでは，④集約的稲作がさかんである。ヨーロッパでは，穀物の栽培と家畜の飼育を組み合わせる⑤混合農業や，⑥酪農などが発展してきた。アメリカやオーストラリアでは，肥育場である⑦　**オ**　での肉牛の大規模な牧畜もさかんである。

(1)　**ア**　～　**オ**　に当てはまる語を答えなさい。

(2)　下線部①～⑦は，次のA～Cのどの農業形態に当てはまるか。すべて選んで記号で答えなさい。

A 自給的農業　　**B** 商業的農業　　**C** 企業的農業

(3)　下線部④について，東南アジアの稲の生産量は，1960～70年代に稲の　**X**　の開発や化学肥料の導入などによる緑の革命によって飛躍的に増加した。　**X**　に当てはまる語を答えなさい。

発展 (4)　次の表は，米と小麦の生産量と輸出量を示したものである。この表を見て，下の文章の　**D**　と　**E**　に当てはまる語の組み合わせとして正しいものを，**カ**～**ケ**から1つ選びなさい。

	生産量（万トン）	輸出量（万トン）
米	75,674	4,560
小麦	76,093	19,853

（2020年） （2022/23 世界国勢図会）

　世界の米と小麦の生産量と輸出量を比較すると，生産量はほぼ同じだが，輸出量は小麦の方が多い。このことから，米は自家消費が多い　**D**　農業が中心となり，小麦は世界的な需要が多く　**E**　農業が中心であると予測される。

	カ	**キ**	**ク**	**ケ**
D	自給的	自給的	商業的	商業的
E	商業的	粗放的	自給的	粗放的

(1)	ア			イ			ウ		
	エ			オ					
(2)	A			B			C		
(3)				(4)					

2 次の文章を読み，あとの問いに答えなさい。　　　　　　　　　　　（各5点，計35点）

18世紀後半にイギリスで始まった産業革命は，産業・経済・社会上の大変革であった。原材料を加工して ア を加えた製品をつくる<u>工業</u>は，軽工業に始まり，重工業，重化学工業と発展してきた。そして，産業のグローバル化によって，先進国では情報通信技術（ICT）産業のような，新しい知識や技術によって高い ア を生み出す イ 産業が発達してきている。また，その技術を海外に輸出し，対価として特許使用料などを得る ウ も増えてきている。

近年，先進国では エ 社会への移行が進み，第 オ 次産業の割合が高くなっている。

(1) ア ～ オ に当てはまる語を答えなさい。

(2) 下線部について，イギリス南部からイタリア北部まで広がる右の図のAの地域は，現在，ヨーロッパで最も工業が発達している地域である。この地域を何というか。

(3) アメリカ合衆国の先端技術産業が発達している，サンベルトは，どの地域にあるか。次のア～エから1つ選びなさい。

　ア　南緯35度以南　　イ　南緯37度以南

　ウ　北緯35度以南　　エ　北緯37度以南

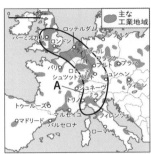

(Diercke Weltatlas 2015，ほか)

(1)	ア			イ			ウ		
	エ			オ					
(2)				(3)					

3 次の文章の ア ～ ウ に当てはまる語を答えなさい。　　　　　　（各5点，計15点）

・キリスト教の宗派であるカトリック，プロテスタント，正教会のうち，一般にラテン語系が分布するヨーロッパ南部で信仰されているのは ア である。

よく出る ・イスラーム最大の聖地はサウジアラビアに位置する イ である。

・ヒンドゥー教徒は，聖なる動物とされる牛を食べないだけでなく，他の肉も食べない ウ も多い。

ア			イ			ウ		

1 次の表は，主な国の粗鋼生産量の推移を示したものである。表の**ア〜エ**には，アメリカ，インド，韓国，日本のいずれかが当てはまる。表と会話文を読み，あとの問いに答えなさい。

（単位　千トン）

	1990 年	2000 年	2010 年	2020 年
中 国	66,350	128,500	638,743	1,052,999
ア	14,963	26,924	68,976	99,570
イ	110,339	106,444	109,599	83,194
ウ	89,726	101,824	80,495	72,690
ロシア	67,029	59,136	66,942	73,400
エ	23,125	43,107	58,914	67,121

（世界国勢図会　2021/22）

Aさん：粗鋼は，建築物や自動車の材料など，さまざまな製造業で加工して用いられる状態の鉄だから，生産量の推移が製造業の動向，そして経済の発展度の指標になると考えられるよ。

Bさん：中国の粗鋼生産量の推移はめざましいね。1990 年と 2020 年の生産量を比較すると，①10 倍以上に増加しているよ。2000 年以降急激に経済が成長したことが要因じゃないかな。

Cさん：粗鋼は主に②国内需要のみに利用されているのだろう。他の国と比べると，韓国のように人口がやや少なく国内市場が小さい国は，粗鋼生産量も少なくなっているね。

Aさん：中国とともに人口大国のインドは，経済成長によって，鉄鋼需要が 1990 年と比べて飛躍的に上昇したんだよね。

Bさん：ロシアは，1990 年と 2000 年を比較すると生産量は減少しているよ。1990 年代初頭に生じた③政治体制の変革が原因と考えられるだろう。

Cさん：ロシアは鉄鋼業以上に，地下資源の輸出で経済成長している国だね。④原油や天然ガスの輸出上位国でもあるよ。

問題

(1) 表中の**イ**に当てはまる国を次の**カ〜ク**から選びなさい。

　カ インド　**キ** 韓国　**ク** 日本

〔　　　　〕

(2) 下線部①〜④のうち，誤っているものを 1 つ選びなさい。

〔　　　　〕

2 世界の宗教分布と特徴について，次の図と会話文を読み，あとの問いに答えなさい。

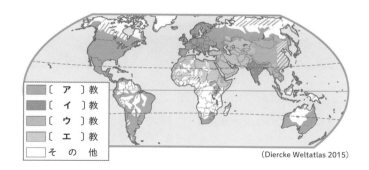

〔 **ア** 〕教
〔 **イ** 〕教
〔 **ウ** 〕教
〔 **エ** 〕教
そ の 他

(Diercke Weltatlas 2015)

Aさん：〔 **ア** 〕教は，南アメリカやオーストラリアなど，南半球の地域にも分布しているよ。

Bさん：ヨーロッパからの移民や植民地支配などが影響しているのではないかな。

Cさん：〔 **イ** 〕教はインドを中心に分布しているね。

Aさん：ほかには東アジアや東南アジアを中心に〔 **ウ** 〕教が分布しているね。

Bさん：宗教の分布には地域性があって面白いね。

<hr>

問題

(1) 〔 **ア** 〕～〔 **ウ** 〕に当てはまる宗教と関わりが深い写真を，①～④からそれぞれ選びなさい。

① （アフロ）

② （アフロ）

③ (Saudi Press Agency／ロイター／アフロ)

④ （アフロ）

ア〔　　　〕 イ〔　　　〕 ウ〔　　　〕

(2) 各宗教の特徴について誤っているものを，次の**カ～ケ**から１つ選びなさい。

カ イスラームは，西アジアを中心に北アフリカにも分布している。

キ 人口で比較すると，仏教徒よりもヒンドゥー教徒のほうが多い。

ク キリスト教の中では，カトリックに次いでユダヤ教の割合が高い。

ケ ヒンドゥー教では，牛は神聖な動物として扱われている。

〔　　　　〕

第1章 │ 持続可能な社会と地球環境問題

| STEP 1 | 重要ポイント

1 持続可能な社会に向けて

- **持続可能な開発目標（SDGs）**…地球上の「誰一人取り残さない」をスローガンに，世界全体で2030年までに達成を目指す17の目標。
- **南北問題**…北半球に多い先進国と南半球に多い発展途上国との経済格差の問題。
- **南南問題**…発展途上国の中で，鉱産資源の有無などで起こる経済格差の問題。
- **日本の活動**…日本は**政府開発援助（ODA）**や，**JICA 海外協力隊（青年海外協力隊）**の派遣，**非政府組織（NGO）**，**非営利組織（NPO）**の活動などを通じて地球的課題に取り組む。

2 地球環境問題

1 大気圏への影響

- **大気汚染**…工場や自動車からの排出ガスが原因。
- **酸性雨**…酸性物質で汚染された雨。森林の枯死，土壌・湖沼の酸性化などが発生。
- **オゾン層の破壊**…冷蔵庫・エアコンなどに使用されてきたフロンが原因。有害な紫外線が地上へ到達するようになる。

2 地表面への影響

- **砂漠化**…降水量の減少や気温の上昇，過耕作や過放牧が原因。サハラ砂漠南縁のサヘルで顕著。
- **熱帯林の破壊**…貴重な生態系が失われる。二酸化炭素の吸収量が減り，地球温暖化が加速する。

3 気温への影響

- **地球温暖化**…二酸化炭素などの温室効果ガスの増加が要因と考えられている。低平地の水没や異常気象。

4 海洋への影響

- **海洋汚染**…近年はプラスチックごみによる被害が深刻。

SDGs の 17 の目標

❶ 2015年の国連サミットで，全会一致で採択。
❷ 有償・無償の資金援助や技術援助を行う。

地球環境問題に関する主な国際的な取り組み

年表でcheck!

1971年	**ラムサール条約**の採択（水鳥とその生息地の保全）	1992年	国連環境開発会議（地球サミット）にて「持続可能な開発」を掲げた「アジェンダ21」を採択→気候変動枠組条約や生物多様性条約などを締結
1972年	国連人間環境会議にて「かけがえのない地球」をスローガンに，「人間環境宣言」を採択	1994年	**砂漠化対処条約**の採択
1973年	**ワシントン条約**の採択（絶滅が危惧される野生動物の保護）	1997年	**京都議定書**の採択（地球温暖化防止に関する目標の取り決め）
1987年	**モントリオール議定書**（オゾン層を破壊する物質についての取り決め）	2002年	持続可能な開発に関する世界首脳会議の開催
		2015年	**パリ協定**の採択（地球温暖化防止に関する新しい枠組み）

❸ プランテーション開発のための伐採，輸出用のえびの養殖池をつくるためのマングローブの伐採などが原因。伐採の規制や森林の保護地域の設定などの対策を行う。

解答・解説は別冊 p.14

持続可能な社会に向けて

❶ 2015年に国連で採択された，2030年までに解決すべき世界全体の課題をまとめたものを何というか。 〔　　　　　〕

❷ 北半球に多い先進国と，南半球に多い発展途上国との間で起こる経済格差の問題を何というか。 〔　　　　　〕

❸ 発展途上国の中で，鉱産資源の有無などで起こる経済格差の問題を何というか。 〔　　　　　〕

❹ 先進国の政府が発展途上国に対して行うさまざまな援助を何というか。 〔　　　　　〕

❺ 国際協力などに携わる，政府に属さない民間団体を何というか。 〔　　　　　〕

❻ 利益目的ではなく社会奉仕的な活動を行う組織・団体を何というか。 〔　　　　　〕

地球環境問題

❼ 工場などから排出される有害な物質が大気中に増加する環境問題を何というか。 〔　　　　　〕

❽ 酸性物質で汚染され，森林を枯らすなどの被害をもたらす雨を何というか。 〔　　　　　〕

❾ 成層圏にある，有害な紫外線を吸収して地上の生物を守る層を何というか。 〔　　　　　〕

❿ 気候変動や人間の活動が原因で，土地が不毛の地になることを何というか。 〔　　　　　〕

⓫ サハラ砂漠南縁で，急激な人口増加に伴う過伐採，過放牧，過耕作を要因として❿が特に進行している地域を何というか。 〔　　　　　〕

⓬ 赤道付近に分布する，貴重な生態系を有し，地球上の多くの二酸化炭素を吸収し酸素を供給する役割を果たしている森林を何というか。 〔　　　　　〕

⓭ 森林を焼き払って出た灰を肥料として行う伝統的な農法を何というか。 〔　　　　　〕

⓮ ⓬の破壊の要因ともなる，熱帯・亜熱帯地域で大規模に単一作物の栽培を行う農園を何というか。 〔　　　　　〕

⓯ 温室効果ガスが増加して地球の平均気温が上昇することを何というか。 〔　　　　　〕

⓰ 海洋ごみの中で最も多く，自然界で分解されにくいために，深刻な被害が出ているごみは何か。 〔　　　　　〕

1　持続可能な開発目標（SDGs）

次の文章を読み，　ア　～　エ　に当てはまる語を答えなさい。

2015 年の　ア　のサミットにおいて，持続可能な開発目標（SDGs）が全会一致で採択された。17 の目標（ゴール）と 169 のターゲットから構成された SDGs では，地球上の「誰一人　イ　」ことが誓われており，貧困や飢餓など主に　ウ　国が直面する課題の解決だけでなく，経済発展を優先してきた　エ　国の課題も指摘し，すべての国が取り組むべき目標としている。

ア〔　　　　　　　　〕　イ〔　　　　　　　　〕　ウ〔　　　　　　　　〕

エ〔　　　　　　　　〕

2　経済格差の問題

先進国と発展途上国を取り巻く経済格差を図式化した次の図の　ア　・　イ　に当てはまる語を答えなさい。

ア〔　　　　　　　　〕　イ〔　　　　　　　　〕

3　政府や民間の国際協力

よく出る

次の文章を読み，　ア　～　エ　に当てはまる語を答えなさい（ただし，すべてアルファベットの略称で答えること）。

一国の政府による協力は　ア　とよばれ，主に先進国によって，有償・無償の資金援助や技術援助が発展途上国に対して行われてきた。日本の　ア　は，基盤整備（ダムや道路の建設）の支援だけでなく，　イ　海外協力隊などによる人的援助などが長年にわたって行われてきた。

また，国際赤十字社のように，非政府の立場から支援を行う民間組織である　ウ　や，社会奉仕的な活動などを非営利の立場から行う団体である　エ　による活動も世界各地で広がりを見せており，地球規模の国際課題を解決しようとする国際協力は，官民のさまざまなレベルで実施されている。

ア〔　　　　　　　　〕　イ〔　　　　　　　　〕　ウ〔　　　　　　　　〕

エ〔　　　　　　　　〕

次の文章を読み，あとの問いに答えなさい。

①窒素酸化物や硫黄酸化物を含む雨である　**ア**　は，②排出源から離れた地域でも被害が発生することがある。また，成層圏にも人間の活動による悪影響が及んでいる。③成層圏にある　**イ**　層は太陽から発せられる有害な紫外線を吸収するが，かつて冷蔵庫の冷媒剤やスプレーの噴射剤に利用されてきた　**ウ**　によって破壊され，皮膚がんや免疫低下，生態系の破壊などの影響が懸念されている。

(1)　**ア**　～　**ウ**　に当てはまる語を答えなさい。

ア〔　　　　　　　　　〕 イ〔　　　　　　　　　〕 ウ〔　　　　　　　　　〕

(2)　下線部①による被害が大きい地域を，下の図の**A〜C**から選びなさい。

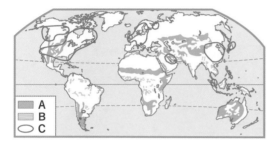

A
B
C

〔　　　　　　〕

発展 (3)　下線部②について，右下の写真はヨーロッパのある地域で　**ア**　による被害と思われる森林の立ち枯れが起こっている様子である。このことを説明した，次の文章の　**エ**　に当てはまる語を答えなさい。

産業活動が盛んな工業地帯や都市部から，年中同じ風向きの　**エ**　によって原因となる物質が運ばれて雨となって降ることで，国内にとどまらず国境を越えて植生への被害や土壌・湖沼の酸性化を引き起こしている。

〔　　　　　　〕

(アフロ)

(4)　下線部③について，右の図で示すように　**イ**　の量が極めて少なくなって穴のように見える場所を何というか答えなさい。

〔　　　　　　〕

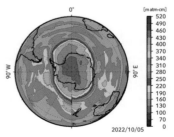

[m atm-cm]
520
490
460
430
400
370
340
310
280
250
220
190
160
130
100
70
0

0°
90°W　90°E
2022/10/05

(米国航空宇宙局〔NASA〕の衛星観測データをもとに作成　気象庁)

5 地表面への影響

次の文章を読み，あとの問いに答えなさい。

気候変動や人間の活動が原因で，森林や草原の植生が失われて土地が乾燥化することを　ア　という。また，赤道付近に広く分布する　イ　は，貴重な生態系を支えるほか，大気中から　ウ　を吸収し　エ　を供給して光合成をすることで地球温暖化を抑制するはたらきがある。　ア　の進行や　イ　の破壊のいずれも，気候変動だけでなく人間の活動によって引き起こされている。

(1)　ア　〜　エ　に当てはまる語を答えなさい。

ア〔　　　　　　　〕　イ〔　　　　　　　　〕　ウ〔　　　　　　　　〕

エ〔　　　　　　　〕

(2)　下線部について，右の地図中の**A**はアフリカのサハラ砂漠の南縁の，特に　ア　の進行が激しい地域を表している。その主な原因として当てはまるものを，次の①〜③から２つ選びなさい。

① 都市化や工業化に伴う土壌汚染

② 人口増加に伴う過剰な放牧や耕作による植生の破壊

③ 激しい干ばつの発生

〔　　　〕〔　　　〕

(3)　下線部について，右下の写真は，インドネシアにおいて，油やしの大規模農場を開発する様子である。このことに関連する，次の文章の　カ　〜　ク　に当てはまる語を答えなさい。

熱帯地域では，かつては伝統的な　カ　農業が行われ，適正な規模での農業と休耕期間の設定で持続可能な農業が行われていた。近年は，南アメリカ大陸のアマゾン川流域だけでなく，各地の　イ　の破壊が深刻化している。インドネシアのカリマンタン島では，石鹸やマーガリンで用いられるパーム油の原料となる油やしを大規模に栽培するなど，商業的な　キ　の農場確保のために　イ　の伐採が

行われている。また，淡水と海水が混ざり合う場所に分布する　ク　を伐採して，輸出用のえびの養殖池をつくるなど，私たちの生活で身近なものが　イ　の伐採によって成り立っている。

カ〔　　　　　　　〕　キ〔　　　　　　　　〕　ク〔　　　　　　　　〕

6 気温・海洋への影響

次の文章を読み，あとの問いに答えなさい。

産業革命以降，私たちが石炭や石油などの　A　を大量に使用した結果，二酸化炭素などの　B　が増加したことによって，地球の平均気温が上昇し地球温暖化が進んだと考えられている。その結果，気候変動による異常気象や生態系の破壊などが引き起こされている。

また，近年指摘される新しい環境問題として，海洋ごみの中でも　C　ごみの拡散が危惧されている。　C　ごみは自然界で分解されることがほとんどないため，海岸や海底の汚染だけでなく海洋生物が誤飲することも心配される。さらに，このごみが微細化し粒子となった　D　が，魚などの生物に蓄積されつつあるため，食物連鎖を通じて人間の健康への悪影響も指摘されている。

(1) 　A　～　D　に当てはまる語を答えなさい。

A〔　　　　　　　　　〕　B〔　　　　　　　　　〕　C〔　　　　　　　　　〕

D〔　　　　　　　　　〕

(2) 下線部の異常気象に当てはまらないものを，次の**ア**～**エ**から１つ選びなさい。

ア 塩類化　　**イ** 干ばつ　　**ウ** 豪雨　　**エ** 竜巻　　　　　　　　　　　〔　　　　　〕

ミス注意 7 地球環境問題への取り組み

地球環境問題に関する主な国際的な取り決めをまとめた右の年表について，次の問いに答えなさい。

(1) 年表中の　**ア**　～　**エ**　に当てはまる語を答えなさい。

ア〔　　　　　　　〕　**イ**〔　　　　　　　〕

ウ〔　　　　　　　〕　**エ**〔　　　　　　　〕

(2) さまざまな地球環境問題の解決に向けた取り組みについて説明した，次の①・②の　**カ**・**キ**　に当てはまる語を答えなさい。

① 大気汚染・酸性雨…各国の排出ガス規制に加え，

　カ　や燃料電池自動車などの次世代自動車の開発が進んでいる。

② 森林破壊…主に熱帯で，農業（agriculture）と林業（forestry）を複合的に行う　**キ**　が推奨されている。

カ〔　　　　　　　〕　**キ**〔　　　　　　　〕

1971年	水鳥とその生息域の保全を目的としたラムサール条約の採択
1972	国連人間環境会議にて「かけがえのない地球」をスローガンに，「人間環境宣言」を採択
1973	ワシントン条約の採択
1987	オゾン層を破壊する物質について取り決めたモントリオール議定書の採択
1992	国連環境開発会議（地球サミット）で，「　**ア**　」を掲げた「アジェンダ21」を採択→　**イ**　条約や生物多様性条約などを締結
1994	砂漠化対処条約の採択
1997	地球温暖化防止に関する目標を取り決めた　**ウ**　を採択
2002	持続可能な開発に関する世界首脳会議の開催
2015	地球温暖化防止に関する新しい枠組みを取り決めた　**エ**　の採択

1 人口問題

1 人口の分布・指標

- 人間が常住する地域を**エクメーネ**，居住しない地域を①**アネクメーネ**という。
- ②**出生率・死亡率**…総人口に対する出生数・死亡数の割合。

2 人口問題と対策

- ③**人口爆発**…人口の急激な増加。20世紀後半のアジア・アフリカ・ラテンアメリカ。
- **少子高齢化**…子どもの数が減り，高齢者の数が増加すること。
- **人口ピラミッド**…ある国・地域の人口構成を男女別・年齢別にグラフで表したもの。発展途上国では出生率・死亡率ともに高く**富士山型**，先進国では少子高齢化で**釣鐘型・つぼ型**になりやすい。現在の日本はつぼ型。
- **人口政策**…発展途上国では**家族計画**の奨励。中国では④**一人っ子政策**。少子化が進む先進国では子育て支援や**移民**の受け入れが進む。

2 食料問題

1 発展途上国の食料事情

アフリカや南アジアで食料不足が深刻→**飢餓**や**栄養失調**で命を落とすことが多い。

食料増産のための**過耕作**や外貨獲得のための**商品作物**の生産による穀物生産の不足，自然災害や紛争，感染症流行などにより生産が不安定な点が要因。→先進国による農業技術援助。

2 先進国の食料事情

多様化した食生活で**飽食**が進む。日本は**食料自給率**が低く，多くを輸入でまかなう。

- **バイオエタノール**…とうもろこしやさとうきびなど植物から抽出したアルコール燃料。燃料用として穀物需要が増大し，穀物の不足と国際価格の上昇が発生。
- **食品ロス**…食べられる食品が廃棄されること。NPOなどが**フードバンク**の取り組み。

① 全陸地の約10%を占める。
② 百分率（%）もしくは千分率（‰）で表す。
③ 医療の普及や栄養・衛生状態の改善が主な要因。産業革命期の欧米も人口爆発の状態だったといえる。

さまざまな人口ピラミッド

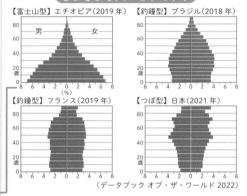

【富士山型】エチオピア(2019年)　男　女
【釣鐘型】ブラジル(2018年)
【釣鐘型】フランス(2019年)
【つぼ型】日本(2021年)
（データブック オブ・ザ・ワールド 2022）

世界の人口増加率

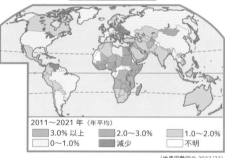

2011〜2021年（年平均）
3.0%以上　2.0〜3.0%　1.0〜2.0%
0〜1.0%　減少　不明
（世界国勢図会 2022/23）

④ 1979〜2015年に実施。一組の夫婦で子どもを1人に制限し，2人以上の場合は罰金などが科された。現在は3人まで出産が可能。

栄養不足の人口の割合

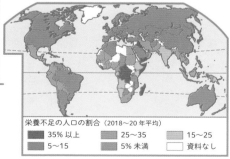

栄養不足の人口の割合（2018〜20年平均）
35%以上　25〜35　15〜25
5〜15　5%未満　資料なし
（WFP 資料より）

人口問題

❶　全陸地の約 10% を占める，人間が居住しない地域を何というか。　〔　　　　　〕

❷　全陸地の約 90% を占める，人間が常に居住する地域を何というか。　〔　　　　　〕

❸　総人口に対する出生数の割合を何というか。　〔　　　　　〕

❹　20 世紀後半にアジアやアフリカで起こった，死亡率が減少し人口が急激に増加した現象を何というか。　〔　　　　　〕

❺　子どもの数が減り，高齢者の数が増加することを何というか。　〔　　　　　〕

❻　ある国・地域の人口構成を男女別・年齢別に表したグラフを何というか。　〔　　　　　〕

❼　❻のうち，出生率・死亡率がともに高い発展途上国で多い型を何というか。　〔　　　　　〕

❽　❻のうち，❼から出生率・死亡率がともに低下した型を何というか。　〔　　　　　〕

❾　❻のうち，❽からさらに老年人口が増加して出生率・死亡率がともに低く，人口減少がみられる型を何というか。　〔　　　　　〕

❿　かつて中国で行われていた人口抑制政策を何というか。　〔　　　　　〕

⓫　先進国の人口増加につながる，国外からの移住者を何というか。　〔　　　　　〕

食料問題

⓬　長期間にわたり十分に食べられないことで栄養不足となり，生命や健康の維持が困難になっている状態を何というか。　〔　　　　　〕

⓭　食べ物が満ち足りていて，食料の不自由がない状態を何というか。　〔　　　　　〕

⓮　国内で消費される食料のうち，自国で生産される食料の比率を何というか。　〔　　　　　〕

⓯　とうもろこしやさとうきびなど，植物から抽出したアルコール燃料を何というか。　〔　　　　　〕

⓰　まだ食べられる食料が廃棄されることを何というか。　〔　　　　　〕

⓱　⓰などで出た食べることのできる食品を，必要とする人に無償で提供する取り組みを何というか。　〔　　　　　〕

解答・解説は別冊 p.15

1 人口の地域的な偏り

次の文章を読み，あとの問いに答えなさい。

地球上には約80億人が居住する（2022年）が，すべての場所が便利で快適ではなかったり，生命を維持できない環境も存在したりするため，陸地に均一に生活しているわけではない。人間が常に居住する地域を **A** といい，反対に人間が居住しない地域を **B** という。**B** は全陸地面積の約 **C** ％を占めるといわれている。

(1) **A** ・ **B** に当てはまる語を答えなさい。

A 〔　　　　　　　　　　〕　B 〔　　　　　　　　　　〕

(2) **C** に当てはまる数値を，次の**ア**〜**エ**から1つ選びなさい。

ア 10　**イ** 20　**ウ** 80　**エ** 90　　　　　　　　　　　〔　　　　　〕

(3) 下線部について，人口密度が高い地域を，次の**ア**〜**エ**から2つ選びなさい。

ア モンスーンアジア　**イ** 乾燥地域　**ウ** 地中海沿岸　**エ** 高山地域

〔　　　　〕〔　　　　〕

2 発展途上国と先進国の人口の特徴

次の文章を読み，**ア**〜**オ**に当てはまる語を答えなさい。

発展途上国では，子どもに家計を助けたり親の老後を支える役割を期待したりすることから，多産の傾向にあり **ア** 率が高い。また，衛生環境や医療水準の低さ，民族紛争の多発などによって **イ** 率も高い。家庭での貴重な労働力である子どもは **ウ** を受ける機会が奪われ，将来，低賃金の職にしか就けず貧困から抜け出せないケースが多く見られる。

一方，先進国では，医療水準や生活水準は高いが，平均初婚年齢が高くなる **エ** 化や結婚しない非婚化が進んでいるため，**ア** 率と **イ** 率がともに低いのが特徴である。平均寿命が世界有数の日本では，高齢者の割合の上昇と子どもの割合の低下が同時に起こる **オ** 化が急速に進んでおり，社会保障においては，少ない生産年齢人口が多くの高齢者を支えなければならない問題が生じている。

ア〔　　　　　　　　〕　**イ**〔　　　　　　　　　〕　**ウ**〔　　　　　　　　〕

エ〔　　　　　　　　〕　**オ**〔　　　　　・　　　　〕

3 人口ピラミッド

次の文章と右のグラフを参考にして，あとの問いに答えなさい。

人口ピラミッドとは，ある国や地域の人口構成を X 別， Y 別に表したグラフである。縦軸が X を表し，現在の人口構成の特徴だけでなく，過去や未来の人口の自然増加の増減を考察する手がかりともなる。

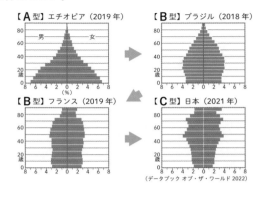

【A型】エチオピア（2019年）　　【B型】ブラジル（2018年）

【B型】フランス（2019年）　　【C型】日本（2021年）

（データブック オブ・ザ・ワールド 2022）

人口ピラミッドには主に3つの型がある。出生率も死亡率も高い発展途上国のエチオピアは，若い年齢の人口の割合が高い A 型を表す。新興国のブラジルは少子化が進んだ結果， B 型を表す。

そのような少子化が早くから始まっていたフランスは，ブラジルと同じ B 型ではあるものの，生産年齢人口（15〜64歳）が減少し，ブラジルと比べて老年人口（65歳以上）の割合が高くなっている。

 C 型の日本は，出生数が年を追うごとに減少し，老年人口の割合が極めて高まっており，フランスよりも Z 化が進んでいることがわかる。

(1) X 〜 Z に当てはまる語を答えなさい。

X 〔　　　　　　　　　〕 Y 〔　　　　　　　　　〕 Z 〔　　　　　　　　　〕

(2) A 〜 C に当てはまる語を，次のア〜エからそれぞれ選びなさい。

ア　つぼ　　イ　釣鐘　　ウ　富士山　　エ　星

A 〔　　　　〕 B 〔　　　　〕 C 〔　　　　〕

(3) 下線部の「自然増加」が意味するものを，次のア〜ウから1つ選びなさい。

ア　出生数と死亡数の差　　イ　人口増加・抑制政策により増加・減少した人数

ウ　移入人口と移出人口の差

〔　　　　　　〕

4 世界の人口問題と対策

次の文章を読み， ア ・ イ に当てはまる語を答えなさい。

人口の急増や少子高齢化は，食料の安定供給や社会システムの継続に支障をきたすことがある。発展途上国では，出生数の抑制に向けて，家族計画の奨励や，中国の ア 政策に代表される人口抑制政策がとられてきた。先進国では，子育て支援のほか，海外からの イ の受け入れを進める国もあるが，受け入れ国の住民と宗教や生活文化の違いで衝突することもある。

ア 〔　　　　　　　　　〕 イ 〔　　　　　　　　　〕

次の文章と図を参考にして，あとの問いに答えなさい。

人口の分布に応じて食料も連動して供給されているわけではない。世界に暮らす約80億人のうち，およそ　A　割は食料不足であるとされている。特に，　B　・　C　などでは深刻な食料不足が発生し，長期間十分に食べられずに栄養不足となり，生命や健康的な生活の維持が困難な状態にある人も少なくない。

発展途上国で食料が不足する原因はさまざまである。1つは，土地が肥えておらず，肥料もあまり使用しないため，食料の生産力が追いつかないからである。次に，アフリカなどでは，外貨の獲得を目指して　D　を栽培して輸出しており，自国向けの農産物の生産が疎かになることが挙げられる。また，異常気象によって長期間の水不足となる　E　や洪水などの自然災害，紛争や内戦，感染症の流行などにより，十分な食料生産ができないことも原因の1つである。

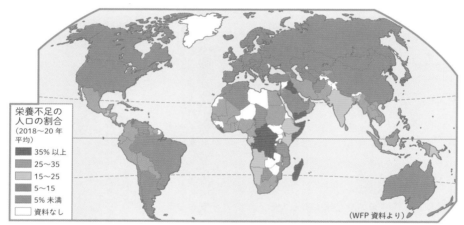

栄養不足の
人口の割合
（2018～20年
平均）
■ 35％以上
■ 25～35
■ 15～25
■ 5～15
■ 5％未満
□ 資料なし
(WFP資料より)

(1)　A　に当てはまる数字を，次のア〜ウから1つ選びなさい。

ア　1　イ　3　ウ　5　　　　　　　　　　　　　　　　　〔　　　　〕

(2)　下線部のような状態を何というか。漢字2字で答えなさい。　〔　　　　〕

(3)　図を参考にして，　B　・　C　に当てはまる地域を，次のア〜エから2つ選びなさい。（順不同）

ア　アフリカ　　イ　北アメリカ　　ウ　南アジア　　エ　ヨーロッパ

〔　　　〕〔　　　〕

(4)　D　・　E　に当てはまる語を答えなさい。

D〔　　　　　　　〕E〔　　　　　　　〕

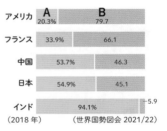

アメリカ　A 20.3%　B 79.7
フランス　33.9%　66.1
中国　53.7%　46.3
日本　54.9%　45.1
インド　94.1%　-5.9
(2018年)　(世界国勢図会 2021/22)

発展

6　経済発展が引き起こす穀物不足

次の文章と右のグラフを参考にして，あとの問いに答えなさい。

先進国などでは食生活が多様化し，肉類の消費が増える傾向にある。肉類の生産には大量の ア を飼料として消費するため，人間が食べるための ア の不足が心配されている。また，アメリカ合衆国などではとうもろこしを イ の原料として使用している。これらが要因となって ア 価格は上昇し，特に輸入に頼っている発展途上国は大きな影響を受けている。農業先進国には，食料の増産を目指す発展途上国に対して実効的，持続的な栽培技術の援助が求められている。

(1)　 ア ・ イ に当てはまる語を答えなさい。

　　　　　　　　　　　　　　　ア〔　　　　　　　〕イ〔　　　　　　　〕

(2)　主な国の ア の使われ方を示したグラフのA・Bには，食用と飼料用のどちらが入るか。当てはまる語をそれぞれ答えなさい。

　　　　　　　　　　　　　　　A〔　　　　　　　〕B〔　　　　　　　〕

7　先進国の食料事情

次の文章を読み， ア ～ オ に当てはまる語を答えなさい。

先進国は，食べきれないほどに食料が豊富な ア の状態にあり，世界中からさまざまな食料を輸入することで多様な食生活を可能としている。中でも日本は多くの食料を輸入に頼っていて，先進国の中でも イ 率が極めて低い。一方で，先進国では，まだ食べられる食品が廃棄される ウ の問題が顕在化しており， エ （NPO）などがそれらを集めて困窮している人々に無償で提供する オ という取り組みが行われている。

　　　　ア〔　　　　　　　〕イ〔　　　　　　　〕ウ〔　　　　　　　〕
　　　　エ〔　　　　　　　〕オ〔　　　　　　　〕

| STEP 1 | 　　重要ポイント

1 資源・エネルギー問題

1 エネルギー資源の変遷

- **エネルギー革命**…1960 年代後半に①**エネルギー資源**の消費の中心が石炭から石油へ変化した。
- **石油輸出国機構（OPEC）**…②**国際石油資本（石油メジャー）** に対抗し③**資源ナショナリズム**の実現のために産油国が結成。**石油危機（オイルショック）** 時に存在感。
- 近年の動き…**省エネルギー**の取り組みや④**再生可能エネルギー**への転換が進む。

2 発電の特徴

- **火力発電**…石炭の産出が多い国などで主流。
- **水力発電**…水資源に恵まれた国で主流。
- **原子力発電**…石油資源に乏しいフランスなどで主流。

3 ⑤金属資源と⑥非金属資源

いずれも産地が偏在。安定供給が課題。

- **レアメタル（希少金属）**…近年，先端技術産業での需要が増加。⑦**都市鉱山**の活用が課題。

2 都市問題

1 都市の機能

人口が突出した**プライメートシティ（首位都市）**。都市化が進み中心業務地区（CBD）を形成。

2 発展途上国の都市問題

首位都市への人口集中で交通渋滞や騒音，大気汚染，道路などインフラの整備不足。
→**スラム**（不良住宅地区）の形成なども問題。

3 先進国の都市問題

都心の建物の老朽化に伴って低所得者が流入し，治安が悪化する**インナーシティ**問題，都心が空洞化する**ドーナツ化現象**，郊外に無秩序に市街地が広がる**スプロール現象**の発生。
→⑧**ニュータウン**の建設。インナーシティの再開発による**ジェントリフィケーション**。

① 1 次エネルギー（化石燃料や風力など自然界にあるもの）と 2 次エネルギー（電力など 1 次エネルギー由来のもの）に大別される。
② 採掘から販売までを担った先進国の巨大企業。
③ 資源の輸出で得た収益で自国の経済発展を遂げようとする動き。
④ 太陽光や風力，バイオマスなど。

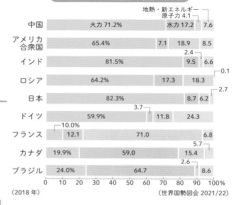

主な国の発電量の構成割合

地熱・新エネルギー
原子力 4.1

国	火力	原子力	水力	地熱・新エネルギー
中国	71.2%	4.1	17.2	7.6
アメリカ合衆国	65.4%	7.1	18.9	8.5
インド	81.5%	2.4	9.5	6.6
ロシア	64.2%	17.3	18.3	0.1
日本	82.3%	2.7	8.7	6.2
ドイツ	59.9%	11.8	24.3	3.7
フランス	12.1	71.0	10.0%	6.8
カナダ	19.9%	15.4	59.0	5.7
ブラジル	24.0%	2.6	64.7	8.6

0 10 20 30 40 50 60 70 80 90 100%
（2018 年）　　　　　　　　　　（世界国勢図会 2021/22）

⑤ 鉄鉱石，銅，ボーキサイトなど。
⑥ 石材，石灰石，硫黄など。

主な金属資源の産出国の割合

鉄鉱石* 15.2億t	オーストラリア 36.7%	ブラジル 19.3	中国 13.8	インド 8.3	ロシア 3.7	その他

銅鉱* 2000万t	チリ 27.5%	ペルー 12.2	中国 8.6	アメリカ合衆国 6.3	コンゴ民主共和国 5.5	その他

ボーキサイト 3.58億t	オーストラリア 29.4%	中国 19.6	ギニア 18.7	ブラジル 9.5	インド 6.4	その他

（2018 年）　　　　　　＊含有量（世界国勢図会 2021/22）

⑦ 廃棄された電子機器に含まれる金やレアメタルが都市に多く存在することによる呼び名。
⑧ ロンドンのニュータウンは職住近接型で，日本は職住分離型。ロンドンの中心業務地区（CBD）はシティとよばれる。

解答・解説は別冊 p.15

資源・エネルギー問題

❶ 1960年代後半に，エネルギー資源の消費の中心が石炭から石油へ変化したできことを何というか。　〔　　　　　〕

❷ 石油の採掘から販売までの石油産業のすべての段階に関わる巨大資本を何というか。　〔　　　　　〕

❸ 資源の輸出で得た収益で自国の経済発展を遂げようとする動きを何というか。　〔　　　　　〕

❹ ❷に対抗して，サウジアラビアやベネズエラなどの産油国が設立した国際機関を何というか。　〔　　　　　〕

❺ 1970年代に起こった，原油価格の高騰に伴って世界経済が大きく混乱したできごとを何というか。　〔　　　　　〕

❻ 太陽光や風力，バイオマスなど，繰り返し利用でき枯渇する心配のないエネルギーを何というか。　〔　　　　　〕

❼ 埋蔵量が少なく，加工するのが難しいことから流通量が少ない鉱産資源を何というか。　〔　　　　　〕

都市問題

❽ 政治・経済・文化などの都市機能が集中し，人口が突出して多く，他の都市との人口差が大きい都市を何というか。　〔　　　　　〕

❾ 都心部の，政府機関や大企業の本社などが集中する地区を何というか。　〔　　　　　〕

❿ 発展途上国の都市周辺に形成される住環境の悪い地区を何というか。　〔　　　　　〕

⓫ 大都市の都心部の老朽化した建物に低所得者が流入して治安が悪化することを何というか。　〔　　　　　〕

⓬ 住宅や道路などが市街地から郊外へ無秩序に広がる現象を何というか。　〔　　　　　〕

⓭ 大都市の過密問題を解消するために，そのまわりにつくられた住宅団地や市街地を何というか。　〔　　　　　〕

⓮ 都心の再開発で富裕層や若者たちが都心に回帰する現象を何というか。　〔　　　　　〕

1 エネルギー資源の移り変わり

次の文章を読み，あとの問いに答えなさい。

　熱や動力などのエネルギーの源となるエネルギー資源は，産業革命以降は石炭が中心だったが，1960年代後半の ┃ A ┃ における油田開発や石油利用技術の発展などにより，①消費の中心が石炭から石油へと変化した。

　②エネルギー資源は産出地が偏在しており，特に石油は，埋蔵量の約半分が ┃ A ┃ に集中している。かつては，┃ B ┃ とよばれる先進国の巨大企業が，莫大な資本力を背景に石油の採掘，精製，輸送，販売などの権益を独占していた。しかし，第二次世界大戦後，産油国では，自国の資源の輸出で得た利益を経済発展につなげようとする ┃ C ┃ の動きが高まり，サウジアラビアやイランなどの産油国が ┃ D ┃ を結成し，原油価格や産油量をコントロールするようになった。1970年代になると，2度の ┃ E ┃ が起こり石油価格が高騰した。

(1) ┃ A ┃ に当てはまるものを，次のア〜エから1つ選びなさい。

　ア 東南アジア　　**イ** 西アジア　　**ウ** 東アジア　　**エ** 南アジア　　〔　　　　〕

(2) 下線部①を何というか，答えなさい。 〔　　　　〕

(3) ┃ B ┃ 〜 ┃ E ┃ に当てはまる語を答えなさい。

　　　　　B〔　　　　　　〕　C〔　　　　　　　　〕　D〔　　　　　　　　〕
　　　　　E〔　　　　　　〕

(4) 下線部②について，次の図の **X 〜 Z** に当てはまる語句を，「石炭」「石油」「天然ガス」からそれぞれ選びなさい。

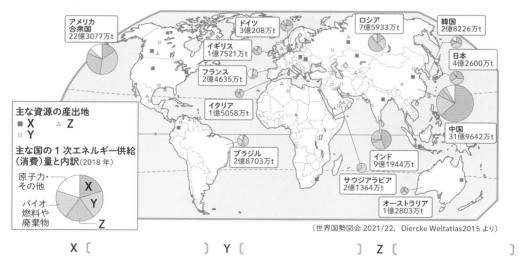

（世界国勢図会 2021/22，Diercke Weltatlas2015 より）

　　　　X〔　　　　　　　　　〕Y〔　　　　　　　　　〕Z〔　　　　　　　　　〕

2 再生可能エネルギー

次の①〜③に当てはまる再生可能エネルギーを答えなさい。

① 昼間に多くの発電量が見込まれるもの。

② 昼夜を問わず，風が強い地域で運用されているもの。

③ 動植物に由来する有機性のもの。

①〔　　　　　　　　　〕 ②〔　　　　　　　　　〕 ③〔　　　　　　　　　〕

よく出る ## 3 各国の発電構成

右のグラフのA〜Dに当てはまる発電方法を，次のア〜エから1つずつ選びなさい。

ア　火力　　イ　原子力

ウ　水力　　エ　地熱・新エネルギー

A〔　　　　〕

B〔　　　　〕

C〔　　　　〕

D〔　　　　〕

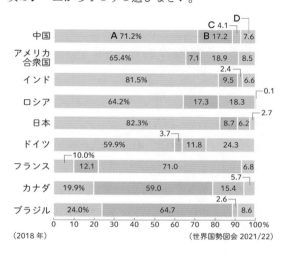

(2018年)　　　　　　　　　　　　　　　　(世界国勢図会 2021/22)

---

4 鉱産資源の産出量の割合

次の文章を読み，あとの問いに答えなさい。

主な金属資源のうち，鉄鉱石は安定陸塊で，銅は南米で産出量が多い。アルミの原料となるボーキサイトは熱帯地域に多く分布する。

また，パソコンやスマートフォンなどの製造に不可欠なコバルト，白金，レアアース（希土類）などの金属資源は偏在しており，「都市鉱山」を活用した資源のリサイクルが進みつつある。

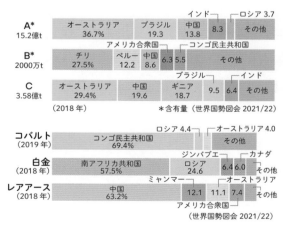

(1) 右の図のA〜Cに当てはまる金属資源を，「鉄鉱石」「銅」「ボーキサイト」から選びなさい。

A〔　　　　　　　〕 B〔　　　　　　　〕 C〔　　　　　　　〕

(2) 下線部のような金属資源をまとめて何というか，答えなさい。　　　〔　　　　　　　　〕

5 都市の種類

次の文章を読み，ア～ウに当てはまる語を答えなさい。

　都市とは，政治・経済・流通・文化などの中心となる人口が集中するまちであり，その規模はさまざまである。世界の大都市とは，イギリスの ア のように古くから政治・経済や文化の中心として発達した都市や，アメリカ合衆国の イ や東京のように周辺都市に大きな影響力を持つメトロポリス（巨大都市）が代表例といえる。また，アメリカ合衆国東海岸のボストンからワシントンD.C.までが典型的な，複数の都市が交通網や通信網で密接に結ばれたメガロポリス（巨帯都市）や，発展途上国において，大都市へ雇用機会を求めて農村から人々が押し寄せた結果，人口が急増し，他の都市との人口差が大きくなる ウ などもある。

ア〔　　　　　　　　　〕　イ〔　　　　　　　　　〕　ウ〔　　　　　　　　　〕

6 先進国の都市問題

次の文章を読み，あとの問いに答えなさい。

　都市が発達し拡大すると，政府機関や大企業の本社などが集中する ア （CBD）が形成された①都心部，都心機能を一部分担する副都心，工業地域，商業地域，②住宅地などに分化して異なった機能をもつようになる。先進国で早くから発達した都市では，都心部の建物が老朽化し住環境が悪化すると，富裕層が流出し低所得者が流入して治安が悪化するなどの イ 問題が起こった。さらに，都市が郊外へと拡大する過程で，無秩序に開発されて市街地が虫食い状に広がる ウ が起こった。

　早くから都市化が進んだロンドンでは，市街地の周囲をグリーンベルトと呼ばれる緑地帯で囲んで都市の拡大を食い止めたほか，その外側に職住近接型の エ を建設して，都心部への人口流動を減らす取り組みを行った。また，老朽化した建物を一掃して新しい街並みをつくる オ が行われ，郊外の富裕層などが都心部に回帰する カ も見られた。

(1) ア～カに当てはまる語を答えなさい。

ア〔　　　　　　　　〕　イ〔　　　　　　　　〕　ウ〔　　　　　　　　〕
エ〔　　　　　　　　〕　オ〔　　　　　　　　〕　カ〔　　　　　　　　〕

(2) 下線部の2つの地域について，一般に人口が多い傾向にあるのは昼間・夜間のどちらか，それぞれ答えなさい。

①　都心部　　②　住宅地

①〔　　　　　　　　〕　②〔　　　　　　　　〕

7 発展途上国の都市問題

次の文章を読み，あとの問いに答えなさい。

発展途上国では農村部から雇用機会を求めて都市部へ人々が押し寄せた結果，タイのバンコクやメキシコのメキシコシティなどの都市が，他の都市に比べて人口が極端に多い　A　になった。その結果，生活の基盤となる道路や橋，電気，上下水道などの　B　の整備が追いつかなくなり，①さまざまな都市問題が発生した。また，②都心周辺には住環境の悪い地区が形成されるようになった。この地区の居住者の多くは，露天商や廃品回収などの日雇い労働などで暮らしている。

(1)　A　・　B　に当てはまる語を答えなさい。

A〔　　　　　　　　〕 B〔　　　　　　　　〕

(2)　下線部①について，都市問題に当てはまるものを，次の**ア**〜**オ**からすべて選びなさい。

ア　交通渋滞　**イ**　スプロール現象　**ウ**　騒音　**エ**　大気汚染　**オ**　都心回帰現象

〔　　　　　　　　〕

(3)　下線部②について，右の写真は，ある発展途上国の首都において，貧富の差が都市の景観にはっきりと現れている様子である。写真の手前側にある，あり合わせの廃材などからつくられた住環境の悪い地区を何というか答えなさい。

〔　　　　　　　　〕

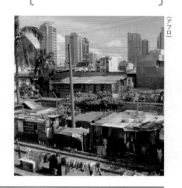

(アフロ)

8 日本の都市問題

次の文章を読み，　ア　〜　エ　に当てはまる語を，下の語群から選びなさい。

日本では，高度経済成長期に都市部への人口流入が進み，都心部では地価の高騰などにより人々が郊外へ移り住む　ア　が起こった。郊外には，丘陵地が切りひらかれるなどして，職住分離型の　イ　が数多く形成されたが，通勤・通学ラッシュの問題や，市街地が郊外へ無秩序に拡大する　ウ　も問題となった。

1990年代からは，東京や大阪の都心部の　エ　や臨海地域のウォーターフロント開発が盛んになった。近年は，商業施設やオフィスだけでなく高層マンションの建設も増加しており，職住近接型の街づくりが進んでいる。

［語群］　ドーナツ化現象　　スプロール現象　　ニュータウン　　再開発

ア〔　　　　　　　　〕 イ〔　　　　　　　　〕
ウ〔　　　　　　　　〕 エ〔　　　　　　　　〕

定期テスト対策問題④

解答・解説は別冊 p.16 〜 17

得点

/100

1 次の文章を読み，あとの問いに答えなさい。　(3)Ⅲ・Ⅵは各8点，Ⅳは6点，他は各5点　計62点)

2015年の国連サミットで，①持続可能な開発目標が全会一致で採択された。「持続可能」とは，「②将来世代の利益を考えつつ，環境保全と開発を同時に進めること」であり，③貧困や環境，エネルギーなどの問題について，先進国と発展途上国のどちらもが取り組むべきものとして，17の目標（ゴール）と169のターゲットが定められている。

(1) 下線部①の略称を，アルファベットで答えなさい。

(2) 下線部②について説明した次の **A** 〜 **D** の文のうち，正しいものには○を，誤っているものには×を書きなさい。

A バイオエタノールを燃料として使用すると，地球全体の二酸化炭素は増える。

B バイオエタノールの原料をトウモロコシにすると，世界の食料不足を防ぐことができる。

C スナック菓子の袋を紙製に変えると，海洋でのプラスチックごみの削減になる。

D フェアトレードされた原料のチョコレートを買うと，カカオ栽培で起きている児童労働の改善になる。

(3) 下線部③について，次の **Ⅰ** 〜 **Ⅵ** の問いに答えなさい。

Ⅰ 発展途上国へ支援を行っている，政府に属さない民間団体を何というか。

Ⅱ 熱帯や亜熱帯にみられる，単一作物を大規模に栽培する大農園を何というか。

Ⅲ 次の表は，原油の産出量，原油の輸入量，石炭の産出量，石炭の輸入量のそれぞれについて，世界上位3か国とその割合について示したものである。原油の輸入量に当てはまるものを，**ア**〜**エ**から1つ選びなさい。

	ア	イ	ウ	エ
1位	アメリカ合衆国　15.1	中国　21.3	中国　19.7	中国　54.4
2位	ロシア　13.7	インド　17.8	アメリカ合衆国　16.4	インド　10.7
3位	サウジアラビア　12.3	日本　13.9	インド　9.7	インドネシア　8.1

アは2020年，他は2018年。数値の単位は％。　　　　　　　　　（世界国勢図会　2021/22)

Ⅳ 再生可能エネルギーによる発電方法として当てはまるものを，次の**ア**〜**エ**からすべて選びなさい。

ア 原子力発電　　**イ** 地熱発電　　**ウ** 太陽光発電　　**エ** バイオマス発電

Ⅴ 国や地域の人口構成を表す人口ピラミッドは，出生率や死亡率の特徴によって主に3つの型に分けることができる。このうち富士山型の人口ピラミッドとなっている国を，次の**ア**〜**エ**から1つ選びなさい。

ア 日本　　**イ** イギリス　　**ウ** エチオピア　　**エ** スウェーデン

VI アフリカのサヘル地域での砂漠化の要因と，それが及ぼす影響についてまとめた次の図の
Xに当てはまる語を漢字2字で答えなさい。

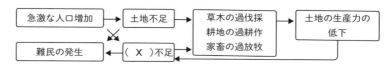

(1)		(2)	A		B		C		D	

(3)	I			II			III	
	IV		V		VI			

---

2 次の文章を読み，あとの問いに答えなさい。　　　　((3)は8点，他は各5点，計38点)

　都市問題は，発展途上国と先進国で様子が異なる。発展途上国では，あふれた農村部の労働力
が都市部へ押し寄せ，その国で人口が突出して多い　**ア**　となる例がみられる。そのような都
市ではインフラの整備が追いつかず，　**イ**　とよばれる住環境の悪い地区が形成されている。

　先進国では，古くから発達した都市の都心部が老朽化によって退廃し，治安が悪化するなどの
　ウ　問題が起こった。ロンドンではそれらの地域が　**エ**　され，さらにウォーターフロント
開発などが行われた結果，高所得者層等が都心に回帰する　**オ**　がみられた。

(1)　**ア**　〜　**オ**　に当てはまる語を答えなさい。

(2)　右の写真のように，市街地が計画的でなく虫食い状に郊外
　へ広がる現象を何というか。

(3)　右下の表は，群馬県，東京都，神奈川県，埼玉県の昼夜間
　人口比率※を示したものである。東京都に当てはまるものを，
　①〜④から1つ選びなさい。※夜間人口100人あたりの昼間人口
　の割合

(国土地理院　空中写真より)

(1)	ア		イ	
	ウ		エ	
	オ			
(2)			(3)	

(2015年)

	昼夜間人口比率
①	117.8
②	99.8
③	91.2
④	88.9

(日本国勢図会　2022/23)

1 次のグラフは，2000年，2010年，2018年における，ある3か国の100人あたりの移動電話契約数（件）と都市人口率（%）の推移を示したものである。グラフの**ア～ウ**には，ガーナ，日本，ブラジルのいずれかが当てはまる。ある高校の生徒たちが，このグラフから読み取れることを話し合った。会話を読み，あとの問いに答えなさい。

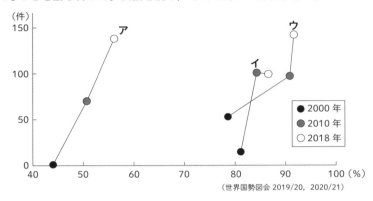

（世界国勢図会 2019/20，2020/21）

Aさん：移動電話契約数の数値が100を超えている場合があるのは，1人で複数台保有することがあるからだね。

Bさん：アフリカでは，通信設備設置のコストの面から①固定電話の普及が進んでおり，ガーナの100人あたりの移動電話契約数は，すべての年次で3か国中最も低いね。

Cさん：日本は2018年には両指標とも3か国中最も多くて高いね。

Aさん：ブラジルでは，100人あたりの移動電話契約数が，②2010年から2018年にかけて下がっているね。

Bさん：日本は，ジェントリフィケーションによる都心への移住が進んだ結果，③2010年から2018年にかけて都市人口率が約50%上昇しているよ。

Cさん：ガーナは，農村から都市への人口移動が進んだ影響で，2000年から2018年にかけて都市人口率が10%以上上昇しているね。

Aさん：2000年のブラジルの都市人口率は，④3か国中最も高かったんだね。

問題

(1) **ア～ウ**に当てはまる国を，ガーナ，日本，ブラジルからそれぞれ選びなさい。

ア〔　　　　　　〕イ〔　　　　　　　〕ウ〔　　　　　　　〕

(2) 下線部①～④のうち，誤っているものを2つ選びなさい。

〔　　　　〕〔　　　　〕

2 　**表**はとうもろこしの生産量の上位 4 か国を示したものである。**図A・図B**はそれぞれ，国別の牛肉もしくは豚肉の生産量（各上位 20 か国）を示したものである。これらの資料を用いて，高校生の A さんと B さんが話し合った。会話文を読み，あとの問いに答えなさい。

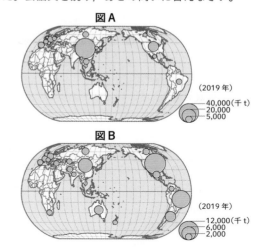

図A

(2019 年)
40,000(千 t)
20,000
5,000

図B

(2019 年)
12,000(千 t)
6,000
2,000

※図の牛肉には水牛肉を含まない。
（世界国勢図会　2021/22）

表

国	とうもろこしの生産量（千トン）
アメリカ合衆国	347,048
中国	260,779
ブラジル	101,139
アルゼンチン	56,861

（2019 年）　（世界国勢図会　2021/22）

A さん：**表**のとうもろこしの生産量の多い国々は，**図A**もしくは**図B**を見ると，①牛肉もしくは豚肉の生産量が高い国であることがわかるね。これには，どんな関係があるのかな。

B さん：とうもろこしは，食用にも生産されているけれど，大部分は飼料用に生産されていると聞いたことがあるよ。肉類の生産には，大量に飼料を必要とするらしいんだ。

A さん：そういえば，②アフリカや南アジアなどでは，深刻な食料不足が問題になっているけれど，人間が食べる肉類の量を減らせば，今よりはるかに多くの人口を支えられるという指摘もあると先生が言っていたね。

B さん：それに，経済発展によって，中国などでは③食用の穀物需要が急増しているよね。

B さん：近年では，アメリカ合衆国などではとうもろこしを④バイオエタノールの原料としても使用しているんだったね。

A さん：穀物の需要の増大とともに穀物価格は上昇するから，穀物を輸入に頼っている国や，特に発展途上国は大きな影響を受けてしまうのが心配だね。

問題

(1)　**図A・図B**は，牛肉と豚肉のどちらの生産量を示しているか，それぞれ答えなさい。

A 〔　　　　　　　〕　B 〔　　　　　　　〕

(2)　下線部①～④のうち，誤っているものを 1 つ選びなさい。

〔　　　　　　　〕

第1章 | 日本の地形

STEP 1 | 重要ポイント

1 日本列島の地形

- **弧状列島**…大陸の縁に形成される弓状に発達した島々。火山帯や海溝に並行する。
- **日本の位置とプレート**…日本列島は，ユーラシアプレートと北アメリカプレートの下に，太平洋プレートとフィリピン海プレートがそれぞれ沈み込むことで土地が隆起して形成された。
- **日本海溝**…太平洋プレートが北アメリカプレートの下に沈み込む境界に位置する。海溝型地震（→ P.112）の発生域。
- **南海トラフ**…フィリピン海プレートがユーラシアプレートの下に沈み込む境界に位置する海底盆地。海溝型地震の発生域。
- **日本アルプス**…飛騨山脈・木曽山脈・赤石山脈。
- **フォッサマグナ**…日本を東北日本と西南日本に分ける地溝帯。
- **糸魚川・静岡構造線**…フォッサマグナの西縁にある新潟県糸魚川市から静岡市安倍川までの断層線。
- **中央構造線**…西南日本を内帯と外帯に分ける断層線。

2 日本の河川

- **日本の河川の特徴**…水源から河口までの距離が短く，流域が狭い。また，急勾配で流れが速い。V字谷や沖積平野がみられる。
  - **V字谷**…河川の侵食作用により形成される谷。
  - **沖積平野**…河川の堆積作用により形成される平野。

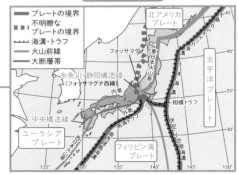

日本の地体構造

フォッサマグナと構造線

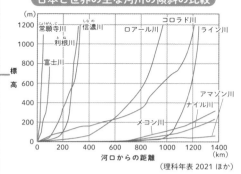

日本と世界の主な河川の傾斜の比較

（理科年表 2021 ほか）

解答・解説は別冊 p.19

日本列島の地形

❶ 日本列島のような，大陸の縁に形成される，弓状に発達した島々を何というか。 〔　　　　　　　〕

❷ フィリピン海プレートがユーラシアプレートの下に沈み込む境界に位置する海底盆地を何というか。 〔　　　　　　　〕

❸ 太平洋プレートが北アメリカプレートの下に沈み込む境界に位置する海溝を何というか。 〔　　　　　　　〕

❹ 西南日本を内帯と外帯に分ける断層線を何というか。 〔　　　　　　　〕

❺ 飛驒山脈・木曽山脈・赤石山脈を総称して何というか。 〔　　　　　　　〕

❻ 日本を東北日本と西南日本に分ける大地溝帯を何というか。 〔　　　　　　　〕

❼ ❻の西縁にある断層線を何というか。 〔　　　　　　　〕

日本の河川

❽ ナイル川やアマゾン川と比べて，日本の河川は傾斜が急か，ゆるやかか。 〔　　　　　　　〕

❾ 日本の地形として多くみられる，河川の堆積作用により形成された平野を何というか。 〔　　　　　　　〕

1　日本列島の地形

次の図を見て，あとの問いに答えなさい。

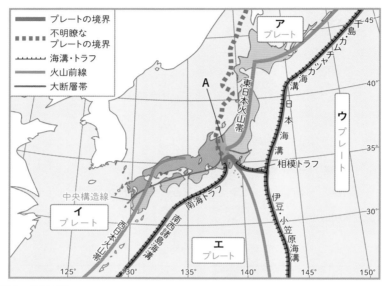

ミス注意 (1)　図の　ア　～　エ　に当てはまる語を，次の①～④からそれぞれ選びなさい。

①　北アメリカ　　②　太平洋　　③　ユーラシア　　④　フィリピン海

ア〔　　　　〕イ〔　　　　〕ウ〔　　　　〕

エ〔　　　　〕

(2)　次の文章の　カ　～　シ　に当てはまる語を，あとの①～⑭からそれぞれ選びなさい。

　ウ　や　エ　の海洋プレートが，　ア　や　イ　の大陸プレートの下に沈み込み，　カ　やトラフを形成している。沈み込んだプレートは，溶解して　キ　となる。また，その　キ　が噴出する場所が火山となるため，火山帯と　カ　は　ク　の位置関係にある。

　大地溝帯である図のAは　ケ　とよばれ，日本を東北日本と西南日本に分けている。その西縁は　コ　とよばれている。九州から四国・紀伊半島を横断する中央構造線を境に，西南日本は北側の　サ　と南側の　シ　に分かれている。

①　海洋　　②　半島　　③　海溝　　④　海嶺　　⑤　内帯

⑥　外帯　　⑦　直交　　⑧　並行　　⑨　火山　　⑩　マグマ

⑪　糸魚川・静岡構造線　　⑫　富士山　　⑬　フォッサマグナ　　⑭　サンアンドレアス

カ〔　　　　〕キ〔　　　　〕ク〔　　　　〕

ケ〔　　　　〕コ〔　　　　〕サ〔　　　　〕

シ〔　　　　〕

2　日本の河川

次の写真は，徳島県を流れる吉野川を撮影したものである。これを見て，あとの問いに答えなさい。

(1)　写真のように，河川による侵食作用によって形成された急峻な谷の名称を答えなさい。

〔　　　　　　　　　〕

(2)　西南日本を内帯と外帯に分け，この河川が流れている断層線の名称を答えなさい。

〔　　　　　　　　　〕

発展 (3)　次の図を見て，あとの文章の　ア　～　エ　に当てはまる語をそれぞれ答えなさい。

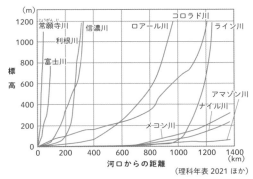

（理科年表 2021 ほか）

　図中で勾配が最も緩やかな河川は　ア　川であり，最も急な河川は　イ　川である。日本の河川は世界の河川に比べて河口からの距離が　ウ　く，勾配が急であることがわかる。日本のような河川は，降雨にともなう氾濫の危険性が高いことから，両岸に　エ　が建設されることが多い。

ア〔　　　　　　　　〕イ〔　　　　　　　　〕ウ〔　　　　　　　　　〕

エ〔　　　　　　　　〕

第2章 | 日本の気候

| STEP 1 | 重要ポイント

1 日本を取り巻く気候環境

- 亜寒帯（冷帯）の東北日本をのぞき，大部分が温帯。周囲の気団や季節風（モンスーン）の影響で四季が明瞭。
- **季節風**…夏は南東から，冬は北西から吹く。降水量の大きな季節変化をもたらす。
- **暖流**…黒潮（日本海流），対馬海流。
- **寒流**…親潮（千島海流），リマン海流。

2 日本の気候の特徴

- **やませ**…初夏から夏にかけて主に東北地方の太平洋側に吹く冷涼な北東風。
- **冷害**…やませの影響により，東北地方の太平洋岸を中心に稲や農作物などの生長阻害，不作をもたらす。
- **梅雨**…寒冷・湿潤なオホーツク海気団と温暖・湿潤な小笠原気団の大気の衝突により，大気に不安定な前線が形成され，長雨をもたらす。
- **夏**…小笠原気団（太平洋高気圧）からの温暖・湿潤な風（南東季節風）がもたらされる。初秋には**台風（熱帯低気圧）**の襲来。
- **秋雨**…弱まる小笠原気団と，強まるシベリア気団の境界に秋雨前線が生まれて停滞。台風と重なると大雨となる。
- **冬**…シベリア気団の寒冷・乾燥した風（北西季節風）により寒冷。日本海側は日本海（対馬海流）で水蒸気を含み，脊梁山脈に衝突し降雪がもたらされる。脊梁山脈を越えた季節風は乾いた風となって太平洋側に吹き下ろすため，冬の太平洋側は晴れの日が多くなる。

日本列島周辺の主な気団

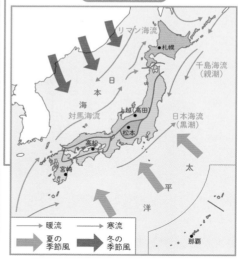

日本の気候区分

- 北海道の気候（亜寒帯〔冷帯〕）
- 日本海側の気候（温帯で冬は雪が多い）
- 中央高地の気候（高地は亜寒帯に近い）
- 瀬戸内の気候（温帯で降水量がやや少ない）
- 太平洋側の気候（温帯で冬は晴れが多い）
- 南西諸島の気候（熱帯に近い温帯〔亜熱帯〕）

日本を取り巻く気候環境

❶　夏と冬で吹く方向が変わり，日本の気候に影響を与える風を何というか。　〔　　　　　〕

❷　日本の夏に吹く❶は，どの方向から吹くか。　〔　　　　　〕

❸　日本の冬に吹く❶は，どの方向から吹くか。　〔　　　　　〕

❹　日本の日本海側を北流する暖流は何か。　〔　　　　　〕

❺　日本の太平洋側を南流する寒流は何か。　〔　　　　　〕

❻　日本の太平洋側を北流する暖流は何か。　〔　　　　　〕

日本の気候の特徴

❼　初夏から夏にかけて，主に東北地方の太平洋側に吹く冷涼な北東風を何
というか。　〔　　　　　〕

❽　初夏の長雨を何というか。　〔　　　　　〕

❾　❼の影響による夏季の低温や日照不足によって農作物が不作になること
を何というか。　〔　　　　　〕

❿　夏から初秋にかけて襲来し，暴風雨をもたらす熱帯低気圧を何というか。〔　　　　　〕

1　日本を取り巻く気候環境

次の図を見て，あとの問いに答えなさい。

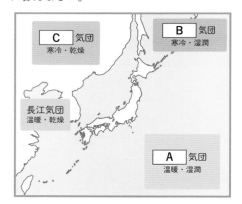

[発展]（1）　次の文章の　A　～　C　に当てはまる語を語群から選び，答えなさい。

　日本は四季が明瞭であり，夏季は　A　気団により温暖・湿潤な大気がもたらされる。盛夏ごろになると，フィリピン沖や台湾沖で発生した①熱帯低気圧が日本にやってきて，暴風雨をもたらす。

　A　気団と寒冷・湿潤な　B　気団の接する境界線は②前線とよばれ，夏季は　A　気団の張り出しとともに北上，初秋は　C　気団の発達とともに南下する。これにより，日本列島には年に2度も前線が通過する。

　［語群］　　シベリア　　　オホーツク海　　　小笠原

　　　　　　　　A〔　　　　　　　　　　〕B〔　　　　　　　　　　〕C〔　　　　　　　　　　〕

（2）　下線部①について，日本では何とよばれるか，名称を答えなさい。

　　　　　　　　　　　　　　　　　　　　　　　　　　　　　　　〔　　　　　　　　　　　　　　〕

（3）　下線部②について，初夏での名称を答えなさい。

　　　　　　　　　　　　　　　　　　　　　　　　　　　　　　　〔　　　　　　　　　　　　　　〕

（4）　次の文章の　ア　～　ウ　に当てはまる語を答えなさい。

　日本列島は夏と冬に発達する2つの高気圧により，夏と冬で風向きが変わる　ア　の影響を受けている。また，ヨーロッパに比べて，夏の平均気温と冬の平均気温の差である　イ　が大きいことも特徴である。日本の天気は恒常風である　ウ　の影響で西から東に移り変わっていく。

　　　　　　　ア〔　　　　　　　　〕イ〔　　　　　　　　　　〕ウ〔　　　　　　　　　　〕

2　日本の気候の特徴

次の図を見て，あとの問いに答えなさい。

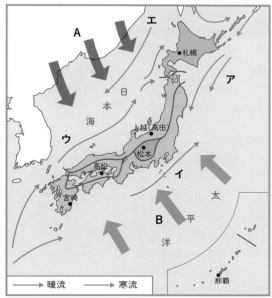

よく出る (1)　図の **A・B** の矢印は，日本の気候に影響を与えている風の風向きを表したものである。この風の名称を答えなさい。

〔　　　　　　　　　　〕

(2)　**A** と **B** の風が吹く季節をそれぞれ答えなさい。

A〔　　　　　　　　〕　B〔　　　　　　　　〕

ミス注意 (3)　図の **ア〜エ** の海流の名称を答えなさい。

ア〔　　　　　　　　〕　イ〔　　　　　　　　〕　ウ〔　　　　　　　　〕

エ〔　　　　　　　　〕

(4)　次の文章の　カ　〜　ケ　に当てはまる語を答えなさい。

初夏に小笠原気団の発達が弱いと，北海道側のオホーツク海気団から　カ　とよばれる北東からの低温な風が　キ　地方の太平洋側に吹くことがある。長い期間この風が吹き続けると，　ク　を引き起こし，稲などの農作物が不作になる。また，　キ　地方から北陸地方にかけての日本海側では，日本海を通過した大陸からの図の **A** の風によって，　ケ　の多い地帯となる。

カ〔　　　　　　　　〕　キ〔　　　　　　　　〕　ク〔　　　　　　　　〕

ケ〔　　　　　　　　〕

第3章 | 地震・津波

| STEP 1 | 重要ポイント

1 地震の種類と災害

- **マグニチュード（M）**…地震の規模を表す値。Mが1大きくなると地震のエネルギーは約32倍になる。
- **①震度**…地震の揺れの強さを0～7までの数値で示す。震度5と6は強弱を組み合わせて表現する。
- 地震の種類…海溝型地震と直下型地震がある。
  - **・海溝型地震（プレート境界地震）**…海溝やトラフに沿った海底が震源→東日本大震災など。
  - **・直下型地震（内陸型地震，プレート内地震）**…内陸部の活断層がずれ動くことで発生し，震源が浅い→阪神・淡路大震災など。
- 地震による被害…建造物の倒壊や火災，**②インフラ**の寸断，**津波**，**③液状化現象**，崖崩れ・地すべりなどの土砂災害。
- **被災地震**…関東大震災（1923年），阪神・淡路大震災（1995年），東日本大震災（2011年）。

2 地震への備え

- **二次災害**…地震などの災害がきっかけとなって火災などの新たな被害が生じること。
- **自然災害伝承碑**…過去に生じた災害を教訓に，地域住民などに防災の意識を高める意図で設置した石碑やモニュメントで，地図にも記載されている。
- **ハザードマップ**…防災マップともよばれ，防災や災害の軽減を目的に作成された地図。災害の種類により被災する可能性が高い地域や避難場所などを示す。火山噴火（溶岩流，火砕流，火山灰の影響域など），地震（津波など），台風や豪雨（浸水危険地域やその程度）に備えたものが作成されている。

主な地震の震源と活断層の分布

（気象庁資料，ほか）

阪神・淡路大震災で倒壊した高速道路（兵庫県）

（AP／アフロ）

❶「震度0」「震度1」「震度2」「震度3」「震度4」「震度5弱」「震度5強」「震度6弱」「震度6強」「震度7」の10階級。

❷インフラストラクチャーのことで社会資本ともよばれる。道路・電気・ガス・水道など。

❸地震の振動で水分を含んだ砂質の地面が液状になる現象。三角州や埋立地で発生しやすい。

地震の種類と災害

❶ 地震の規模を表す値をカタカナで何というか。〔 　　　　　　〕

❷ 地震の揺れの強さを示す数値を何というか。〔 　　　　　　〕

❸ 内陸部の活断層がずれ動くことで発生するのは何型地震か。〔 　　　　　　〕

❹ 海溝やトラフに沿った海底を震源とするのは何型地震か。〔 　　　　　　〕

❺ 2011 年に起きた，三陸海岸沖を震源とする巨大地震による一連の災害を何というか。〔 　　　　　　〕

❻ 1995 年に起きた，兵庫県南部を震源とする巨大地震による一連の災害を何というか。〔 　　　　　　〕

❼ 1923 年に，関東地方を中心に起きた巨大地震による一連の災害を何というか。〔 　　　　　　〕

❽ 主に海底地震の振動により生じる波高の高い波を何というか。〔 　　　　　　〕

❾ 地震の振動で水分を含んだ砂質の地面が液状になる現象を何というか。〔 　　　　　　〕

❿ 地震による崖崩れや地すべりなどの災害をまとめて何というか。〔 　　　　　　〕

地震への備え

⓫ 地震などの災害をきっかけに新たに生じる災害を何というか。〔 　　　　　　〕

⓬ 過去に起こった自然災害を記憶し，防災の意識を高める意図で設置されている石碑やモニュメントを何というか。〔 　　　　　　〕

⓭ 防災や災害の軽減を目的に作成された，被災想定地域や避難場所などを示した地図をカタカナで何というか。〔 　　　　　　〕

1 地震の種類と災害

次の図を見て，あとの問いに答えなさい。

(1) 次の文章の ア ～ ク に当てはまる語を，図を参考にして①～⑩から選びなさい。

　主な地震の震源は ア 岸に集中する傾向があり，1923年（大正12年）には， イ が発生し多くの人命が失われた。また，1995年には ウ 南部を震源とする阪神・淡路大震災が，2011年には三陸海岸沖を震源とする エ が発生した。この地震によって発生した オ は海岸部の低地のみならず，河川を遡上し広範囲に カ 被害，鉄道や道路などの キ の寸断，地盤が軟弱な場所では ク をもたらした。

① 太平洋　② 日本海　③ 東日本大震災　④ 関東大震災　⑤ 大阪府
⑥ 兵庫県　⑦ 浸水　⑧ インフラ（ライフライン）　⑨ 液状化現象　⑩ 津波

ア〔　　　〕イ〔　　　〕ウ〔　　　〕
エ〔　　　〕オ〔　　　〕カ〔　　　〕
キ〔　　　〕ク〔　　　〕

(2) 下線部について，この地震は「海溝型地震」と「直下型地震」のどちらに分類されるか，答えなさい。

〔　　　　　　　　〕

(3) マグニチュードとは，地震の何を表す値か，漢字2字で答えなさい。

〔　　　　　　　　〕

2 地震への備え

右のグラフは、日本の自然災害の発生件数と被害額の割合を示しており、これについて生徒たちが会話をしている。これを読んで、あとの問いに答えなさい。

生徒Ⅰ：**A**と**B**のうち、**B**は季節的な災害だね。

生徒Ⅱ：**A**は、起こった際の被害が甚大だ。

生徒Ⅲ：**A**は二次災害が起こることもあるね。

(1) グラフ中の**A**・**B**のうち、地震に当てはまるのはどちらか。

〔　　　　　〕

グラフ

発生件数　**A** 17.9　**B** 57.1　洪水 14.7　地すべり 6.0　火山 4.3

被害額　82.8　14.0　3.3

0%　　50%　　100%
（内閣府）

※被害額は1985〜2018年までの自然災害を集計。
※発生件数は2018年12月時点。

(2) 下線部について、**A**の災害の二次災害を説明したものとして当てはまるものを、次の**ア**〜**ウ**から1つ選びなさい。

ア 家の建物が倒壊したり家具が転倒したりした。

イ 裏山で崖崩れが発生した。

ウ 暖房器具が倒れたり電気コードが破損したりして火災になった。

〔　　　　　〕

(3) 近い将来、南海トラフで巨大地震が発生し、日本の太平洋側では甚大な被害が出ることが予想されている。これに対して、行政機関が中心となって行っている対策として当てはまらないものを、次の**カ**〜**ケ**から1つ選びなさい。

カ 土砂災害警戒区域や津波災害警戒区域の指定

キ ハザードマップの策定

ク 災害時に帰宅困難となった従業員のための各企業の食料の備蓄

ケ 古い木造住宅の耐震診断や耐震改修への費用の補助

〔　　　　　〕

ミス注意 (4) 右の写真のような状態は、どのような現象によるものか、答えなさい。また、このような現象が発生しやすい場所を、次の①〜④から2つ選びなさい。

① 三角州　　② 山地

③ 埋立地　　④ リアス海岸

現象〔　　　　　　　　〕

発生しやすい場所〔　　　〕〔　　　　〕

(PIXTA)

1 火山の特徴

- **活火山**…過去 1 万年以内に噴火，および現在も活動している火山。日本の活火山は 110 以上ある。
- **マグマ**…地下の圧力により岩石が高温で液状の物質になったもの。
- **溶岩**…マグマが冷えて固まった岩石。
- **火山前線**…**火山フロント**ともよばれ，海溝に並行してのびる火山の列。

2 火山災害と火山の恵み

- 噴火に伴う主な災害…**溶岩流**，**火砕流**，**噴石**，**火山ガス**の噴出，**火山灰**などがある。
  - ・**火山噴火**…**溶岩流**，火山灰，火山ガス，噴石，火砕流などを伴う。
  - ・**火砕流**…時速 100 km 以上の速度で斜面を流れ下る高温の火山噴出物とガス。
  - ・**火山灰**…噴火時に発生する細かい破片。風に乗り広範囲に飛散。大気中に飛散した火山灰が太陽光を遮り，日照不足や冷害を引き起こすことがある。
- **二次災害**…土石流，火山灰による冷害など。
- **火山災害対策**…避難シェルター（退避壕）や砂防施設の建設，噴火後の火山灰の除去など。
- **火山の恵み**…**温泉**や，**地熱発電**への利用。景観の美しさから観光地となることも多い。世界ジオパークに認定される地域もある。
  - ・**地熱発電**…火山の地下熱や水蒸気を利用し，タービンを回して発電する。
  - ・①**世界ジオパーク**…ユネスコによって登録された，世界的に貴重な地形・地質をもつ公園。
- **シラス台地**…約 3 万年前に火砕流が堆積して形成された台地。シラスはコンクリートや石鹸など幅広く利用される。

主な活火山の分布

▲ 主な活火山
～～～ 火山前線
0 ─ 200km

有珠山
御嶽山
雲仙岳
富士山
浅間山
三宅島
箱根山
桜島（御岳）
阿蘇山
▲硫黄島（気象庁資料，ほか）

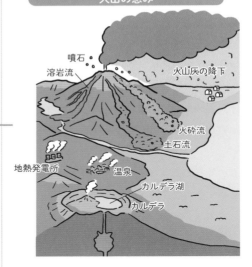

火山がつくる地形と噴火に伴う災害，火山の恵み

噴石
溶岩流
火山灰の降下
火砕流
土石流
地熱発電所
温泉
カルデラ湖
カルデラ

❶日本では洞爺湖有珠山や阿蘇などが登録。

火山の特徴

❶ 地下の圧力により岩石が高温の液状物質になったものを何というか。 〔　　　　　　〕

❷ ❶が冷えて固まった岩石を何というか。 〔　　　　　　〕

❸ 海溝と並行に分布する火山の列を何というか。 〔　　　　　　〕

❹ 過去1万年以内に噴火，および現在も活動している火山を何というか。 〔　　　　　　〕

火山災害と火山の恵み

❺ 高温の火山噴出物やガスが高速で斜面を流れ下る現象を何というか。 〔　　　　　　〕

❻ 火山噴火時に発生し，広範囲に飛散する細かい破片を何というか。 〔　　　　　　〕

❼ 火山噴火によりマグマが斜面を流れ下る現象を何というか。 〔　　　　　　〕

❽ 噴火によって火口から吹き飛ばされる岩石を何というか。 〔　　　　　　〕

❾ 退避壕とも呼ばれる，❽から身を守るために設置されている施設を何というか。 〔　　　　　　〕

❿ 噴火の二次災害として，火山灰による日照不足などにより，農作物の生長が妨げられることを何というか。 〔　　　　　　〕

⓫ 火山の地下熱を利用した発電は何というか。 〔　　　　　　〕

⓬ 洞爺湖や有珠山などが登録されている，ユネスコによって認定される，世界的に貴重な地形・地質をもつ公園を何というか。 〔　　　　　　〕

⓭ 九州南部に分布する，過去の火砕流が堆積して形成された台地を何というか。 〔　　　　　　〕

⓮ 観光業にもいかされている火山の恵みの一つとして，火山周辺で地中から湧き出す湯を何というか。 〔　　　　　　〕

1 火山の特徴

次の文章を読み，あとの問いに答えなさい。

日本は世界有数の火山国であり，110 以上もの①活火山を有する。火山周辺の地域では，火山がつくる特有の地形が見られる。九州南部一帯には，約 3 万年前の噴火時の火砕流が堆積し，　ア　と呼ばれる堆積物が地層として広がっており，研磨剤やコンクリートなど幅広い用途で利用されている。また，②熊本県の阿蘇山などに見られる，火山の火口部分が爆発や陥没したことによって形成された巨大な凹地を　イ　という。　イ　に水がたまって形成された湖は　ウ　といい，北海道の洞爺湖や神奈川県の芦ノ湖などもその一つである。

(1) 　ア　～　ウ　に当てはまる語を答えなさい。

ア〔　　　　　　　　　　　〕 イ〔　　　　　　　　　　　〕 ウ〔　　　　　　　　　　　〕

発展 (2) 下線部①について，次の図は，日本の主な活火山の分布を示したものである。A～D に当てはまる地名を，あとのカ～ケから選びなさい。

(気象庁資料，ほか)

カ 阿蘇山 　キ 有珠山 　ク 御嶽山 　ケ 桜島（御岳）

A〔　　　　〕 B〔　　　　〕 C〔　　　　〕

D〔　　　　〕

(3) 図の ～～～ は活火山の連なりの線を表している。この線の名称を答えなさい。

〔　　　　　　　　　　　　〕

(4) 下線部②は，世界的に貴重な地形や地質をもつ地域がユネスコによって認定された公園である，　Y　の一つである。　Y　に当てはまる語を答えなさい。

〔　　　　　　　　　　　　〕

2 火山災害と火山の恵み

次の文章を読み，あとの問いに答えなさい。

右の図は，噴火に伴うさまざまな災害や火山の恵みを表したものである。

図の **ア** は，噴火によって高温のマグマが斜面を流れる現象であり，図の **イ** は，高温の火山ガスと火山噴出物が高速で斜面を流れる現象である。火山災害では，噴火から時間が経過してからもさまざまな被害が起こりやすく，①図の **ウ** の降下によって日照不足となり，農作物などへ被害が生じることもある。また，火山噴出物が堆積しているところに大雨が降ると，図の **エ** が生じることがあり，これによって住宅の損壊などさまざまな被害ももたらされる。

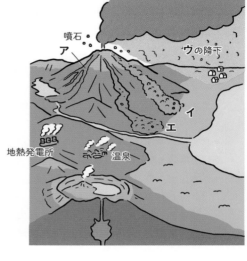

一方，火山は多くの恵みももたらしてきた。図にも見られるように，温泉が湧き出すほか，②地熱発電などに利用されることもある。

ミス注意 (1) **ア** ～ **エ** に当てはまる語を答えなさい。

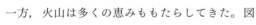

ア〔　　　　　〕 イ〔　　　　　〕 ウ〔　　　　　〕

エ〔　　　　　〕

(2) 下線部①のような被害を何というか，答えなさい。　〔　　　　　〕

(3) 火山災害への対策として，火山の噴石から逃れるために設置されている，右の写真のような施設を何というか，答えなさい。

〔　　　　　〕

(PIXTA)

発展 (4) 下線部②について，地熱発電所がある都道府県を，次の**カ**～**ケ**から1つ選びなさい。

カ 兵庫県　　**キ** 大分県　　**ク** 千葉県　　**ケ** 高知県

〔　　　　　〕

第5章

さまざまな自然災害と防災

STEP 1 重要ポイント

1 気象災害

- **気象災害**…大雨や強風，大雪などの気象現象で生じる災害。
- **気象災害の原因**…梅雨前線，秋雨前線による大雨，**台風**，竜巻，寒波など。
- **水害**…洪水，**①高潮**，浸水，高波など。近年は**局地的大雨（ゲリラ豪雨）**なども増加。
- **洪水**…河川の氾濫，堤防の決壊など。近年では，**②都市型水害**も起こりやすい。
- **土砂災害**…崖くずれ，地すべり，土石流。
- **雪害**…積雪による建物の倒壊，道路閉鎖による物流の停滞，交通機関の運行停止，路面凍結によるスリップ事故，**③地吹雪**，暴風雪，**④ホワイトアウト**，雪崩（なだれ）など。

2 気象災害への対策

- **水害対策**…**遊水池（遊水地）**，**地下調整池（調節池）**の整備など。
- **雪害対策**…消雪パイプ，防雪林，スノーフェンスなどの設置。
- 対策には**ハード対策**と**ソフト対策**がある。
  - **ハード対策**…防災施設の建設，建物の耐震・免震化など。
  - **ソフト対策**…**ハザードマップ**による避難場所や避難経路の周知化，**防災訓練（避難訓練）**の実施など。
- **防災・減災**…自助・共助・公助が重要。
  - **自助**…自分の身を自分で守る→防災グッズの準備，ハザードマップの確認など。
  - **共助**…互いに協力し合い，救助や支援をする→近隣住民との連携など。
  - **公助**…国や自治体などによる救援→警察や自衛隊の救援，避難所・仮設住宅の設置，食料や日用品の支給，医療支援など。

①台風や低気圧の通過時に海面の水位が上昇する現象。満潮時と重なると海岸地域で浸水被害が生じることがある。

②都市部では地面の舗装によって雨が地下に浸透せず，洪水や浸水を引き起こすことがある。

洪水における外水氾濫と内水氾濫

崖くずれと地すべり

③積雪が強風によって吹き上げられること。

④猛吹雪によって視界が失われること。

埼玉県春日部市にある地下調節池（首都圏外郭放水路）

(PIXTA)

解答・解説は別冊 p.20

気象災害

❶ 大雨や強風，大雪などの気象現象によって生じる災害を何というか。 〔　　　　　〕

❷ 台風や低気圧の通過時に海面の水位が上昇する現象を何というか。 〔　　　　　〕

❸ 河川の氾濫や堤防の決壊などで生じる水害を何というか。 〔　　　　　〕

❹ 大雨によって堤防が決壊するなどし，河川の水が流出することは，外水氾濫と内水氾濫のどちらといえるか。 〔　　　　　〕

❺ 雨水の排水が追いつかず，市街地が浸水することは，外水氾濫と内水氾濫のどちらといえるか。 〔　　　　　〕

❻ 近年増加している，急に狭い範囲で短時間に降る大雨を何というか。 〔　　　　　〕

❼ 積乱雲に伴う上昇気流によって発生する激しい渦巻状の気流を何というか。 〔　　　　　〕

❽ 大雨や地震などによって，山地の斜面や台地のへりの一部が急速に崩れ落ちる土砂災害を何というか。 〔　　　　　〕

❾ 雨水や雪解け水の地下への浸透によって，斜面の地面が原形をとどめながら大きなかたまりのまま下方へ移動する土砂災害を何というか。 〔　　　　　〕

❿ 集中豪雨などによって，岩や土砂が水や流木と一体となって一気に流れ下る土砂災害を何というか。 〔　　　　　〕

⓫ 斜面の積雪が激しく流れ下る雪害を何というか。 〔　　　　　〕

⓬ 地表に降り積もった雪が，強風によって吹き上げられる雪害を何というか。 〔　　　　　〕

⓭ 猛吹雪により視界が失われることをカタカナで何というか。 〔　　　　　〕

気象災害への対策

⓮ 遊水池（遊水地）や地下調整池（調節池）などは何の災害への対策か。 〔　　　　　〕

⓯ 防災・減災のために必要なものは，自助・公助とあと1つは何か。 〔　　　　　〕

⓰ ハザードマップによる避難経路の周知化や避難訓練などの対策は，ハード対策とソフト対策のどちらといえるか。 〔　　　　　〕

1　気象災害

次の文章を読み，あとの問いに答えなさい。

日本は大雨や強風，①大雪などの気象災害が多い。大雨は，フィリピン沖などで発生する　ア　とよばれる熱帯低気圧や初夏の　イ　前線，初秋の秋雨前線の停滞などによって発生する。大雨により，さまざまな水害が起こりやすく，河川の　ウ　により，周辺地域の家屋や農作物が浸水するなどの甚大な被害がもたらされることがある。また，山間部では②崖くずれや地すべりなどの土砂災害も起こることがある。

　ア　は豪雨や強風だけでなく，海岸付近で海水面が上昇する　エ　や，低地の浸水被害を生じさせることもある。

よく出る (1)　ア　〜　エ　に当てはまる語を答えなさい。

ア〔　　　　　　　　〕　イ〔　　　　　　　　　〕　ウ〔　　　　　　　　　　　〕

エ〔　　　　　　　　〕

ミス注意 (2)　下線部①について，次の文章の　カ　〜　ケ　に当てはまる語を答えなさい。

降雪による災害のことを　カ　といい，斜面の積雪が一瞬にして流下する　キ　が起きたり，大量の降雪によってライフラインが寸断されたりすることがある。強風を伴う降雪は　ク　とよばれ，　ケ　を生じさせて人間の視界を奪い，自動車の追突やスリップ事故を誘発する。

カ〔　　　　　　　　〕　キ〔　　　　　　　　　〕　ク〔　　　　　　　　　　　〕

ケ〔　　　　　　　　〕

(3)　下線部②について，次の図のAとBは崖くずれ，地すべりのどちらを表したものか，それぞれ答えなさい。

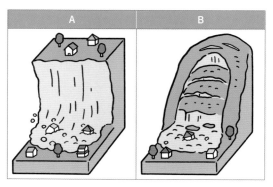

A〔　　　　　　　　〕　B〔　　　　　　　　　〕

2 気象災害への対策

次の文章を読み，あとの問いに答えなさい。

2018年の西日本豪雨では，線状降水帯の発生によって短時間の急激な豪雨が局地的に起こった。岡山県倉敷市では，①<u>中規模河川から大規模河川への排水が妨げられて破堤・越水し，大規模な氾濫となった</u>。また，同じ豪雨によって，岡山市や広島県福山市では②<u>市街地に大量の雨水が排水されずにたまり，多くの建物が浸水した</u>。こうした③<u>災害時の被害を少しでも減らすために</u>，④<u>ハード面</u>，ソフト面でさまざまな対策が進められている。

(1) 下線部①・②は，外水氾濫と内水氾濫のどちらに当てはまるか，それぞれ答えなさい。

① 〔　　　　　　　　　　　　〕　② 〔　　　　　　　　　　　　〕

(2) 下線部③について，次の文章の　ア　に当てはまる語を答えなさい。

　自然災害の予測には限界があり，自然災害をゼロにすることは難しい。だからこそ，被災を未然に防ぐ「防災」の意識に加えて，災害の被害を最小限にすることを図る「　ア　」の意識をもつことが重要である。

〔　　　　　　　　　　　　〕

(3) 下線部③について，次のA～Dの例は自助，共助，公助のどれに当てはまるか，それぞれすべて選びなさい。

　A　学校などが避難所となった場合，食料の配布などを可能な範囲で児童・生徒が担う。

　B　災害対策基本法に基づき，自衛隊などが派遣されて避難所が設置されたりする。

　C　避難所までの各ルートを，ハザードマップなどで確認する。

　D　自治会の費用で防災倉庫を備え，食料や機材の備蓄・管理を行う。

　　　　自助〔　　　　　　　　〕　**共助**〔　　　　　　　　〕　**公助**〔　　　　　　　　〕

(4) 下線部④の一つとして，右の写真のような水害対策用の地下にある施設を何というか，答えなさい。

〔　　　　　　　　　　〕

定期テスト対策問題⑤

解答・解説は別冊 p.21

得点

/100

1 次の文章を読み，あとの問いに答えなさい。 (各5点，45点)

　日本周辺には大きく4つのプレートが存在しており，それらの境界部の活動やマグマの上昇によって日本は甚大な被害を受けてきた。2011年には，次の図の**B**の海溝を震源とする海溝型地震により，岩手県， ア 県，福島県の沿岸部を中心に イ が襲った。この災害により，多くの人命が奪われ，道路や電気・水道などの ウ も寸断，破壊された。

　さらに，海溝と並行に日本列島を縦断する火山前線の活動による被害も軽視できない。1990年の長崎県雲仙普賢岳の噴火の際には，翌年 エ とよばれる高温の火山噴出物が高速で斜面を流れ下った。また，その後の豪雨では オ が発生し，土砂による家屋が倒壊，埋没した。

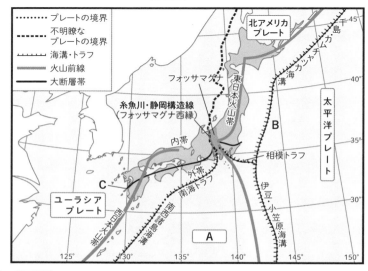

(1) 　 ア 　～　 オ 　に当てはまる語を答えなさい。

(2) 　図中の**A**のプレートと**B**の海溝の名称をそれぞれ答えなさい。

(3) 　図中の**C**の断層線の名称を漢字5文字で答えなさい。

(4) 　地震により生じる，沿岸部などの水を多く含む軟弱な地盤が液体状になる現象を何というか，答えなさい。

(1)	ア		イ		ウ	
	エ		オ			
(2)	A		B			
(3)			(4)			

2 次の図を見て，あとの問いに答えなさい。 （各 5 点，15 点）

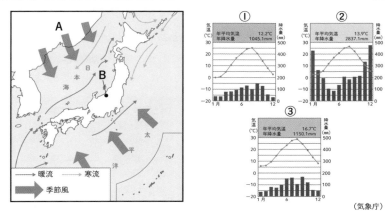

（気象庁）

(1) 図中の季節風 **A** の風向きを 8 方位で答えなさい。

(2) 季節風 **A** が吹く季節を答えなさい。

(3) 季節風 **A** の影響を受ける，図の **B** の都市の雨温図は，①〜③のどれか，答えなさい。

(1)		(2)		(3)	

3 次の文章を読み，あとの問いに答えなさい。 （各 5 点，40 点）

　日本は台風の暴風雨や前線による長雨などに見舞われることが多い。6 月ごろには ア 前線，10 月ごろには イ 前線が発達する。海岸部では台風や低気圧の通過に伴う潮位の上昇による ウ の被害を軽減するために，護岸や消波ブロックの設置が行われている。都市部ではアスファルトやコンクリート舗装の拡大により，都市部の気温が上昇する エ 現象や①都市型水害なども生じている。

　また，日本は雪害も多く，暴風を伴う オ が生じると，視界が失われる カ が起こる危険性もある。いずれの気象災害においても，②防災・減災の努力が必要である。

(1) ア 〜 カ に当てはまる語を答えなさい。

(2) 下線部①について，この対策として，東京都杉並区と中野区の地下には，直径 12.5 m にもわたる巨大な空洞が整備されている。このような施設を何というか，答えなさい。

(3) 下線部②について，次の文章の X に当てはまる語を答えなさい。

　国土地理院が公開している「重ねる X 」では，地形図に津波や洪水，土砂災害などのさまざまな災害の被害想定や避難所などの情報を重ね合わせた X を表示することができる。

(1)	ア		イ		ウ	
	エ		オ		カ	
(2)			(3)			

1　高校生のＡさんは，サイクリングに興味があり，美しいサイクリングコースがある広島県尾_{おの}道市の産業について地域調査をすることにした。次の図は，地域調査の流れをまとめたものである。

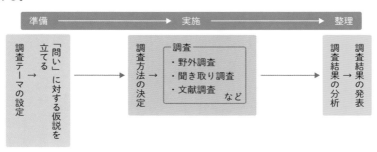

準備　　　　　　　　　　　　　実施　　　　　　　　　　　整理

調査テーマの設定　→　「問い」に対する仮説を立てる　→　調査方法の決定　→　調査・野外調査・聞き取り調査・文献調査 など　→　調査結果の分析　→　調査結果の発表

問題

(1)　調査の大まかな見通しを立てた次の文章中の下線部①～④から，調査をするにあたって適さないものを１つ選びなさい。

　　①尾道市のホームページで人口や産業の特徴，観光資源を把握する。また，②地形図を土地利用区分で色分けし，産業の発展の様子を予想する。次に③尾道市を観光で訪れた人の SNS やブログなどを中心に調査し，産業の発展度がわかるデータを集める。さらに，④各産業従事者への聞き取り調査に向け，尾道市の地理的な利点や課題が把握できるように質問内容を精査する。

〔　　　　　〕

(2)　尾道市から愛媛県今治_{いまばり}市まで，いくつもの島々を橋でつないでのびている「瀬戸内しまなみ海道」には自転車道が併設されており，右の地図中の因島_{いんのしま}大橋もその一つである。右の地図中の黄色に着色された道路は，因島大橋に登るために設置された専用アクセス道である。

　　次の文章は，専用アクセス道について，Ａさんが地図を見ながら考察した内容である。文章中の[　　]に当てはまる語を答えなさい。

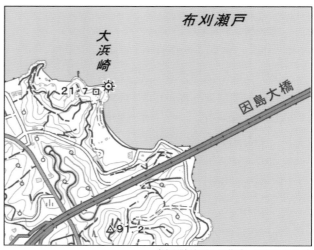

（地理院地図より作成　25000 分の 1）

> 　因島大橋は巨大なつり橋で道路の標高が高いので，自動車用とは別に専用アクセス道がつくられている。急な傾斜を避け，自転車でも楽に登れるよう，□□□線に沿って道が整備されていることが地形図から読み取れる。

〔　　　　　　〕

(3)　**A**さんは，この地域を調査をする中で，瀬戸内海の「瀬戸」は，「海が狭くなっている所」を意味すると知った。また，瀬戸内海は，島が連続する「瀬戸」と，島がなく開けた「灘」が交互に並んでいる。次の文章は，その形成要因を調べたメモである。文章中の□□□に当てはまる語を答えなさい。

> 　四国地方の地下のプレートの下に沈み込む□□□プレートがやや西寄り方向に沈み込むことで，瀬戸内海にしわが寄るように「瀬戸」と「灘」が並ぶようになったと考えられている。

〔　　　　　　〕

(4)　**A**さんは，この地域の災害への備えについても興味を持ち，災害による被害の想定箇所や避難所の位置などを示した「尾道市総合防災マップ」を参照した。次の地図中の**W**〜**Z**は，**A**さんが防災マップを参照して，地形図に被害想定地点や防災施設の場所として印をつけたものである。各地点と被害想定・防災施設の組み合わせとして正しいものを，あとの**ア**〜**エ**から１つ選びなさい。

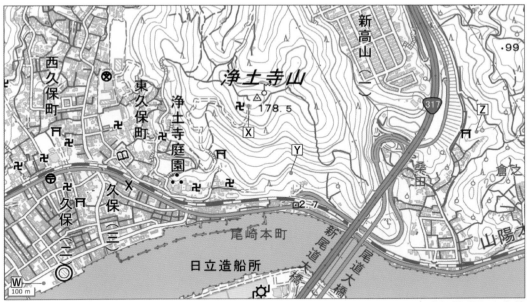

（地理院地図より作成）

ア　**W**…津波発生時の緊急避難場所
イ　**X**…津波の波高３〜５ｍの浸水想定区域
ウ　**Y**…崖くずれの土砂災害特別警戒区域
エ　**Z**…特別な配慮を必要とする人を対象とした福祉避難所

〔　　　　　　〕

MY BEST
よくわかる高校地理総合問題集

監　修	松永 謙（早稲田中学校・高等学校）
イラストレーション	FUJIKO　キタハラケンタ
編集協力	エデュ・プラニング合同会社　野口光伸　佐野秀好　編集事務所敷香（菊地聡）
	中屋雄太郎　高木直子　黒川悠輔
企画編集	八巻明日香
写真提供	写真そばに記載
データ作成	株式会社四国写研
印刷所	株式会社リーブルテック

MY BEST

よくわかる
高校 地理総合問題集
解答・解説

Geography

本体と軽くのりづけされているので，はがしてお使いください。

Gakken

| 第1章 | 地球上の位置

STEP 2 基礎チェック問題　p.13

解答 ❶ 4万km ❷ 23.4度 ❸ 本初子午線
❹ グリニッジ標準時 ❺ 23.4度 ❻ 赤道
❼ 白夜 ❽ 極夜 ❾ 135度 ❿ 15度 ⓫ 10時間
⓬ 9時間 ⓭ 戻る ⓮ サマータイム（デイライト・
セービング・タイム）制度

STEP 3 単元マスター問題　p.14〜15

1 **解答** (1) **ア** 北回帰線 **イ** 南回帰線
(2) **カ** 4万 **キ** 23.4 **ク** 白夜 **ケ** 極夜
解説 (2) **カ** 赤道の全周は約4万km，すべての
経線は北極点と南極点を結んでいる。
ク・ケ 白夜と極夜は北極圏と南極圏とその付近で
みられる現象。

2 **解答** (1) **ア** グリニッジ **イ** 180
(2) GMT (3) 進む
解説 (2) GMT は Greenwich Mean Time の略。

3 **解答** (1) **ア** 本初子午線
イ 日付変更線 **ウ** 東 **エ** 西 (2) **カ** 15
キ サマータイム (3) 9時間 (4) **サ** 5
シ 午前8
解説 (4) 東京とロサンゼルスの経度差は，135＋
120＝255度で，時差は17時間。1月5日午後3時
に東京を出発して10時間経ったのだから，ロサン
ゼルス到着時間は東京の時間では1月6日午前1時
になる。ロサンゼルスの時刻はこれより17時間遅
くなるので，1月5日午前8時になる。

| 第2章 | さまざまな地図

STEP 2 基礎チェック問題　p.17

解答 ❶ 地球儀 ❷ 角度 ❸ 等角航路
❹ 大圏航路（大圏コース） ❺ 面積
❻ ホモロサイン図法（グード図法） ❼ 統計地図
❽ 一般図 ❾ ドットマップ ❿ 等値線図
⓫ メッシュマップ ⓬ 国土地理院
⓭ 電子国土基本図 ⓮ 三角点

STEP 3 単元マスター問題　p.18〜19

1 **解答** (1) **ア** 距離 **イ** 地球儀
ウ メルカトル **エ** 等角 **オ** 大圏
カ サンソン **キ** モルワイデ (2) **ウ** A
カ C **キ** B
解説 (2) メルカトル図法は正角図で，航海図に
利用されてきた。モルワイデ図法・サンソン図法は
正積図に含まれ，モルワイデ図法は高緯度地域，サ
ンソン図法は低緯度地域のひずみが小さい。ホモロ
サイン図法（グード図法）はモルワイデ図法とサン
ソン図法を接合した図法。

2 **解答** (1) **ア** 一般図 **イ** 主題図
ウ 統計地図 (2) **カ** A **キ** B **ク** A
ケ B
解説 (2) **カ**は図形表現図，**キ**は階級区分図（コ
ロプレスマップ），**ク**は等値線図，**ケ**はメッシュ
マップ。絶対分布図は数量を，相対分布図は割合な
どを表現するのに適している。

3 **解答** **ア** 縮尺 **イ** 25000

| 第3章 |　地理情報システムの活用

STEP 2　基礎チェック問題　p.21

解答　❶ GIS　❷ リモートセンシング
❸ 人工衛星　❹ GNSS　❺ GPS
❻ カーナビゲーションシステム　❼ Web GIS
❽ ハザードマップ（防災地図, 防災マップ, 被害予測図, 被害想定図）　❾ 地理院地図　⑩ e-Stat
⑪ jSTAT MAP

STEP 3　単元マスター問題　p.22〜23

1　解答　(1) ア　地理情報システム（GIS）
イ　ハザードマップ（防災地図, 防災マップ, 被害予測図, 被害想定図）
ウ　リモートセンシング（遠隔探査）
エ　GNSS　オ　カーナビゲーション
(2) ひまわり　(3) カ　(4) ③
解説　(1) ウ　リモートセンシングには, 音波の反射を利用した漁船の魚群探知機などもある。
(2) 気象衛星ひまわりは赤道上空にある静止気象衛星で, 広域な定点観測が可能。

2　解答　(1) ア　地理院地図
イ　jSTAT MAP　ウ　Web GIS　エ　断面図
(2) カ　静岡　キ　富山　ク　6　ケ　216
コ　2500
解説　(2) 地理院地図では, ツールから断面図をクリックし, 地図上に始点と終点を指定すれば自動的に断面図が描ける。問題の図では始点を静岡市, 終点を富山市と指定した。断面図の縦軸は標高, 横軸は水平距離を表示している。

| 第4章 |　国家のなりたちと日本の領域

STEP 2　基礎チェック問題　p.25

解答　❶ 主権　❷ 領空　❸ 領海
❹ 排他的経済水域　❺ 接続水域　❻ 独立国
❼ 国境　❽ 自然的国境　❾ 人為的国境

STEP 3　単元マスター問題　p.26〜27

1　解答　(1) ア　国民　イ　独立国
ウ　植民地　エ　アフリカの年
(2) カ　領空　キ　公海
ク　排他的経済水域（EEZ）　ケ　領土
解説　(1) エ　1960年にアフリカの17か国が独立した。

2　解答　(1) ア　自然的　イ　人為的
(2) A
解説　(2) 人為的国境の例として, 他にエジプトとスーダンの北緯22度, エジプトとリビアの東経25度などがある。

3　解答　ア　北方領土　イ　竹島
ウ　尖閣諸島　エ　与那国島　オ　択捉島
カ　南鳥島　キ　沖ノ鳥島
解説　日本の国土面積は約38万km², 排他的経済水域は約447万km², 北端は択捉島, 西端は与那国島, 南端は沖ノ鳥島, 東端は南鳥島である。

| 第5章 |　グローバル化とさまざまな結びつき

STEP 2　基礎チェック問題　p.29

解答　❶ 国際連合（国連, UN）
❷ ヨーロッパ連合（EU）
❸ 東南アジア諸国連合（ASEAN）
❹ 米国・メキシコ・カナダ協定（USMCA）
❺ 世界貿易機関（WTO）
❻ 自由貿易協定（FTA）　❼ 経済連携協定（EPA）
❽ 海底ケーブル（海底光ファイバーケーブル）
❾ 情報格差（デジタルデバイド）　⑩ ハブ空港
⑪ モータリゼーション（車社会化）
⑫ グリーンツーリズム　⑬ エコツーリズム

1 解答 (1) **ア** 国際連合（国連，UN）
イ ヨーロッパ連合（EU）　**ウ** イギリス
(2) ASEAN D　APEC E　USMCA B
MERCOSUR C
解説 (1) **イ** 1993年，EUはヒト・モノ・カネ
の自由な移動を目的に，ヨーロッパ共同体（EC）
から発展する形で結成された。

2 解答 **ア** WTO　**イ** FTA　**ウ** EPA
解説 **ア**は世界貿易機関，**イ**は自由貿易協定，**ウ**
は経済連携協定の略称。

3 解答 **ア** 海底ケーブル（海底光ファイバー
ケーブル）
イ インターネット　**ウ** デジタルデバイド
解説 **イ** インターネットの発達により，情報の
送受信が活発になった。さらに，スマートフォンの
普及により手軽になった。
ウ デジタルデバイド（情報格差）は，国家間（先
進国と発展途上国），地域間，世代間（高齢者と若
者）などで生じる。

4 解答 (1) **ア** 時間距離　**イ** 海上
ウ コンテナ (2) ハブ空港 (3) ④
(4) **カ** 自動車　**キ** 鉄道　**ク** 航空交通
解説 (1) **ウ** コンテナ船により大量輸送が可能
となったものの，コンテナ船が着岸できる港湾の整
備が不可欠である。
(3) ①はモータリゼーションの進展で，幹線道路沿
いに大型駐車場を完備したショッピングセンターな
どが建設されたことなどが要因。
②・③は自動車の利用が増加したことで生じる。
④は人口の過密化や住宅不足で生じるので当てはま
らない。
(4) モータリゼーションを背景に，戸口輸送が可能
な自動車が輸送の中心となった。鉄道は通勤・通学
での利用が多いため，貨物輸送よりも旅客輸送の割
合が高い。また，船舶による輸送割合は，旅客輸送
よりも貨物輸送が高い。

1 解答 (1) 正距方位 (2) **ア** 北東
イ 大圏 (3) B
解説 (1) 距離と方位が正しいのは正距方位図法。
(3) **A**はメルカトル図法で直線となる等角航路であ
る。

2 解答 (1) **A** 図形表現図
B 階級区分図（コロプレスマップ）
(2) **ア** B　**イ** A
解説 (2) **A**の図形表現図は絶対分布図のため，
イのような絶対量を比較するのに向いている。一
方，**B**の階級区分図（コロプレスマップ）は相対分
布図のため，**ア**のような密度や地域ごとの比率を表
すのに向いている。

3 解答 (1) **ア** 世界貿易機関（WTO）
イ 自由貿易協定（FTA）　**ウ** 知的財産
エ 経済連携協定（EPA）　**オ** サービス
(2) BRICS (3) **キ** (4) ① USMCA
② MERCOSUR
(5) アジア太平洋経済協力（APEC）
解説 (1) **イ・エ** WTOはコンセンサス方式
（全員一致方式）を採用しており，結論までに数年
を要するため，短期間で結べるFTAやEPAを採
用する国々が増えた。日本はベトナムやフィリピン
ともEPAを締結しており，介護士や看護師などの
人材を受け入れている。
(3) 垂直貿易は南北貿易ともいい，先進国が工業製
品を輸出し，発展途上国が食料品や原材料など一次
産品を輸出する貿易形態。水平貿易は先進国間で行
われてきた，工業製品を相互に輸出する貿易形態。
(5) アジア太平洋経済協力（APEC）はアジア太平
洋地域の21の国と地域が参加。貿易・投資の自由
化・円滑化などを目指す。

1 解答 (1) ③ (2) カ

解説 (1) ① 都府県の境界線を示す ━・━━━・━ が川に描かれている。

② 河川の氾濫や洪水防止の対策として，河川の直線化や堤防の建設が有効とされる。

③ 主な土地利用は Y（桑畑）であり，∴（茶畑）ではないため誤り。Y（桑畑）や ☆（工場）は，2013年の地図記号の改定により，これ以降の地形図では表記されなくなった。

(2) 2020年の地形図中の金森東地区は金森東(三)・金森東(四)であり，1957年の同じ地域では，標高80mや85mなど等高線が円形状に示されていることから丘陵と判断できる。**キ**の自然堤防の等高線は川の流路に沿ってのびる。**ク**の扇状地は，山麓の谷口を扇頂に，下流（扇端）方向に等高線が同心円状に広がることが特徴である。

2 解答 (1) メッシュマップ

(2) **ア** 多い **イ** 沿岸部

解説 (1) 同じ統計を扱う場合でも，目的に応じて地図の表現を変えることで，適切な分析につながる。

(2) **図1**と**図2**は，地図全体の範囲は同じなので，同じ位置を見比べながら，それぞれの地図で得られる情報を読み取る。

第2部 自然環境と人々の暮らし

| 第1章 | 大地形とプレート

STEP 2 基礎チェック問題　p.37

解答 ❶ 内的営力　❷ 外的営力　❸ プレート
❹ プレートテクトニクス
❺ 狭まる境界（衝突帯，衝突型境界）
❻ 狭まる境界（沈み込み帯，沈み込み型境界）
❼ 広がる境界　❽ ずれる境界（すれ違う境界）
❾ 新期造山帯　❿ 古期造山帯
⓫ 安定陸塊（安定大陸，安定地塊）
⓬ 楯状地（盾状地）　⓭ 卓状地　⓮ ケスタ

STEP 3 単元マスター問題　p.38〜39

1 **解答** (1) A　内的営力　B　外的営力
C　大地形　D　小地形　(2) エ　(3) イ

解説 (2) Ｖ字谷は河川の侵食によってできた，幅が狭く深い谷である。Ｕ字谷という地形もあり，これは山岳氷河の谷底や谷壁が侵食され，Ｕ字の形に深くえぐり取られた地形である。
(3) 雨や風は，太陽エネルギーによって大気に起こる変化から発生する物理現象で，河川による運搬や侵食，温度変化や水の凍結膨張などによる風化へとつながる。地震は内的営力によるもの。

2 **解答** ア　ユーラシア　イ　北アメリカ
ウ　フィリピン海　エ　太平洋　A　広がる
B　狭まる　C　ずれる

解説 日本列島はこの４つのプレートの上に形成されている。「狭まる境界」に沿って火山の噴火や地震が多く発生する。

3 **解答** (1) A　海嶺　B　大陸　C　海洋
D　海溝　E　断層　(2) ウ　(3) ア

解説 (2) 土石流は，土や石が水と一体となって斜面を流れ下る現象で，豪雨時に発生しやすい。
(3) 高潮は，低気圧による海水面の上昇や，激しい風による海水面の上昇のこと。

4 **解答** (1) A　安定陸塊　B　古期造山帯
C　新期造山帯　(2) 楯状地（盾状地）

解説 (1) 新期造山帯と火山噴火・地震が発生する地域はおおむね一致する。

| 第2章 | 河川がつくる地形

STEP 2 基礎チェック問題　p.41

解答 ❶ 沖積平野　❷ Ｖ字谷　❸ 谷底平野
❹ 扇状地　❺ 水無川　❻ 天井川　❼ 台地
❽ 河岸段丘　❾ 氾濫原　❿ 自然堤防
⓫ 後背湿地　⓬ 三日月湖　⓭ 三角州（デルタ）

STEP 3 単元マスター問題　p.42〜43

1 **解答** (1) A　Ｖ字谷　B　谷底平野
C　扇状地　(2) ① ア　扇頂　イ　扇央
ウ　扇端　② 部分　イ　河川名　水無川
③ X　イ　Y　ウ

解説 (2) ② 粒の大きい岩石や土砂・礫が扇頂側に，粒が小さく軽いものが扇端側に堆積しやすい。「水無川」がそのまま河川名になっている例もある。
③ 水はけがよい扇央は，果樹栽培に適している。

2 **解答** (1) A　氾濫原　B　三日月湖
C　自然堤防　D　後背湿地　E　河岸段丘
F　三角州（デルタ）　(2) D
(3) ① G　② ウ　(4) イ

解説 (2) 自然堤防上は主に集落や畑として利用されてきた。
(3) ① Ｖ字谷の形成と同じく，流水が重力により地下方向へ削る力を発揮するため，下の段丘面ほど形成時期が新しい。
(4) 低地で平野が広がっていて水運が発達したため，人が集まり，都市が形成された。

解答 ❶ リアス海岸 ❷ フィヨルド

❸ 海岸段丘 ❹ 海岸平野 ❺ 砂浜海岸（浜）

❻ 干潟 ❼ 砂州 ❽ ラグーン（潟湖）

❾ 陸繋砂州（トンボロ） ❿ 陸繋島 ⓫ 砂嘴

⓬ 裾礁

STEP 3 単元マスター問題 p.46〜47

1 解答 (1) 複雑 (2) **A** リアス海岸

B 養殖 **C** 三陸 **D** フィヨルド (3) **イ**

(4) **エ**

解説 (1) 山地や丘陵には，さまざまな規模の谷が形成されており，沈降などによってそこに海水が侵入すると複雑な海岸線となりやすい。

(2) リアス海岸のV字谷の奥に行くほど断面積が小さくなるため，津波が高くなりやすい。

(3) 元々がV字谷であるため水深が深く，海岸線が入り組んでいるため，波が穏やかになる。

(4) 氷食は高緯度地域に多くみられる。南半球にもフィヨルドが多くみられるので地図帳で確認してみよう。

2 解答 (1) **A** 海岸平野 **B** 砂浜

C 干潟 **D** 干拓 **E** 海岸段丘 (2) **イ**

解説 (1) **A** 平坦な海底地形が海面上に現れると海岸平野がつくられる。

3 解答 **A** 砂州 **B** ラグーン（潟湖）

C 陸繋砂州（トンボロ） **D** 陸繋島 **E** 砂嘴

解説 **B** 青森県の十三湖などがある。

C・D 潮岬（和歌山県）や函館（北海道），男鹿半島（秋田県）が代表的。

E 野付半島（北海道），三保松原（静岡県）が代表的。沿岸流の向きで砂州が突き出す方向が決まる。

4 解答 (1) ア (2) **C** (3) ③

解説 (1) サンゴ礁の国は，ツバル，キリバス，

マーシャル諸島など，オセアニアに多い。

(3) イギリスの博物学者であるダーウィンが，島の沈降により裾礁，堡礁，環礁の順に発達するという説を唱えた。

解答 ❶ 山岳氷河 ❷ U字谷 ❸ カール（圏谷）

❹ ホーン（ホルン，尖峰） ❺ フィヨルド

❻ 大陸氷河 ❼ 氷河湖 ❽ モレーン ❾ 砂漠

❿ オアシス ⓫ ワジ（涸れ谷） ⓬ メサ

⓭ ビュート ⓮ ドリーネ ⓯ ウバーレ

⓰ ポリエ（溶食盆地）

STEP 3 単元マスター問題 p.50〜51

1 解答 (1) **ア** 山岳氷河

イ 大陸氷河（氷床） **ウ** U字谷

エ カール（圏谷） **オ** ホーン（ホルン，尖峰）

カ フィヨルド **キ** 氷河湖 **ク** モレーン

(2) **ウ** 侵食 **エ** 侵食 **オ** 侵食 (3) 沈水

(4) **ウ**

解説 (1) 氷河によって岩石や土砂が侵食されることを氷食という。水の流下と違い，氷が面的に谷を削りながら流下するため，断面がU字型に湾曲する。

(3) フィヨルドは，U字谷に海水が入り込んでできたもの。

(4) スイスでは，大規模なU字谷の谷底で麦類の耕作や放牧が行われている。

2 解答 (1) **ア** 岩石砂漠 **イ** オアシス

ウ ワジ（涸れ谷） (2) 日較

(3) **A** メサ **B** ビュート

解説 (1) **ア** 岩石砂漠のうち，礫質が多い地域を礫砂漠として分けることがある。砂砂漠は，砂漠全体の1割にすぎない。

(2) 砂漠は日中に気温が30℃を超えても，夜間は氷点下になる場合がある。

3 解答 (1) **ア** サンゴ **イ** ドリーネ
ウ ウバーレ **エ** ポリエ（溶食盆地）
オ 鍾乳洞 (2) **C**

解説 (2) 秋吉台（山口県）は，平尾台（福岡県）とともに日本を代表するカルスト地形。コイリン（中国）やベトナムのハロン湾にはタワーカルストが発達している。タワーカルストとは，豊富な雨水で溶食作用が急激に起こり，分厚い石灰岩を削る溝が深くなって，残った石灰岩が塔状となった地形。ラウターブルンネン（スイス）は代表的なU字谷。

| 第5章 | 大気大循環と気候

STEP 2 基礎チェック問題 p.53

解答 **❶** 気候要素 **❷** 気候因子 **❸** 日較差
❹ 年較差 **❺** 大陸性気候 **❻** 海洋性気候
❼ 上昇気流 **❽** 上昇気流
❾ 熱帯収束帯（赤道低圧帯）
❿ 亜熱帯高圧帯（中緯度高圧帯）
⓫ 亜寒帯低圧帯（高緯度低圧帯） **⓬** 偏西風
⓭ 恒常風

STEP 3 単元マスター問題 p.54～55

1 解答 (1) **ア** 気候 **イ** 気候要素
(2) ①・③・④・⑤

解説 (1) 気候とは，特定の地域の1年周期で繰り返される大気の総合的な状態を指し，気象とは，気温・気圧などの大気の状態や，雨・風などの大気現象のことを指す。

2 解答 **ア** 冬 **イ** II **ウ** 低 **エ** B
オ 高 **カ** A

解説 **ア・イ** 「日差しを受ける＝夏」と早合点しないように注意する。夏は，地平線に対する太陽光の角度が大きいため，窓際の生徒であっても直射日光を受けにくい。
ウ・エ 地球は傾いたまま太陽の周りを公転しているため，高緯度地域・低緯度地域は，どちらも太陽からの熱エネルギーの量の年間差が小さい。した

がって，四季が明瞭なのは日本のような中緯度地域である。

3 解答 (1) **ア** (2) **A** 日較差 **B** 年較差
解説 1gの物質の温度を1℃上げるのに必要なエネルギーを比熱という。水は鉄の約10倍の比熱が必要となる。例えば，千葉の浦安沖の2022年1月1日の気温は1℃近くまで下がりながら，海水面温度はほとんど10℃以上を維持していた。水が「冷めにくい」と，その上や近くの空気も影響を受ける。

4 解答 (1) **A** 熱帯収束（赤道低圧）
B 亜熱帯高圧（中緯度高圧）
C 亜寒帯低圧（高緯度低圧） **D** 極高圧 (2) **X**
(3) **B**帯から**A**帯 貿易風 **B**帯から**C**帯 偏西風
解説 (1) 低圧帯と高圧帯は交互に分布する。
(2) 上昇気流が起こると，上昇した空気は上空で冷やされて雨粒となり，低圧帯に雨を降らせる。

| 第6章 | 気候区分と諸地域の気候

STEP 2 基礎チェック問題 p.59

解答 **❶** 熱帯雨林気候 **❷** プランテーション
❸ 熱帯モンスーン気候（弱い乾季のある熱帯雨林気候） **❹** サバナ気候 **❺** 砂漠気候
❻ ステップ気候 **❼** 地中海性気候
❽ 地中海式農業 **❾** 西岸海洋性気候 **❿** 偏西風
⓫ 混合農業 **⓬** 酪農 **⓭** 温暖湿潤気候
⓮ 温暖冬季少雨気候（温帯冬季少雨気候，温帯夏雨気候） **⓯** 亜寒帯（冷帯）湿潤気候 **⓰** タイガ
⓱ 亜寒帯（冷帯）冬季少雨気候（亜寒帯夏雨気候）
⓲ ツンドラ気候 **⓳** 氷雪気候

STEP 3 単元マスター問題 p.60～65

1 解答 **ア** ケッペン **イ** 気温
ウ 樹林 **エ** 高山

解説 **エ** 高山気候はケッペンの気候区分にはない区分で，のちに加えられた。記号には**H**を用いており，森林植生の高度分布が判断基準となる。

2 **解答** (1) **ア** 雨温図 **イ** 気温
ウ 降水量 **エ** 南 **オ** 雨 **カ** 乾
キ ハイサーグラフ **ク** 年較差
※**オ・カ**は順不同 (2) **A** 左 **B** 縦
解説 (1) **エ** 南半球は6〜8月頃が冬，12〜2月頃が夏となるため，6〜8月頃に折れ線グラフが谷型になりやすい。
(2) ハイサーグラフは縦軸が気温，横軸が降水量。よって，熱帯のように気温の年較差が小さいと縦に広がらない形状となり，モンスーン気候のように年降水量の変化が大きいと横に広がる形状となる。

3 **解答** (1) **A** 低 **B** 熱帯雨林
C スコール **D** 焼畑 **E** プランテーション
F 商品 **G** サバナ
(2) **B** 気候 **イ・X**
熱帯モンスーン気候 **ア・Y**
G 気候 **ウ・Z** (3) セルバ
(4) （解答例）マーガリン，アイスクリーム，フライドポテト，チョコレートなど
(5) ラトソル（フェラルソル）
解説 (1) **D** 焼畑農業は，森林や原野に火を入れて草や木を焼き払い，残った草木や灰を肥料として作物を栽培する農法。数年経つと地力が低下するため別の場所へ移動し同じことを行う。土地の休息期間を設けて再び土地に地力がついたら再利用するという循環的な農法で，地力の衰えを防ぐことができる。
(2) 降水量の少ない月で雨温図を判断する。明確な乾季があればサバナ気候である。
(3) 東南アジアやアフリカではジャングルとよばれる。
(4) 油やしからとれるパーム油は，揚げ油やマーガリン，アイスクリーム，スナック菓子などの食用だけでなく，石鹸や洗剤，シャンプーやボディーソープ，バイオディーゼルエンジンの燃料としても利用されている。
(5) ラトソルとは異なり，母岩の影響によって形成される土壌には，ブラジル高原のテラローシャ（コーヒーの産地），インドのデカン高原のレグール

（綿花の産地）がある。

4 **解答** (1) **ア** 砂漠気候
イ ステップ気候 (2) 短 (3) 日
(4) チェルノーゼム (5) ① 日干しれんが
② **イ・ウ** ③ センターピボット（方式）
解説 (1) 年降水量が，砂漠気候では250 mm未満，ステップ気候では250〜750 mmであることが大まかな目安となる。ただし，蒸発量の少ない低温な地域は除く。
(2) 熱帯では長草草原，乾燥帯では短草草原が発達する。
(4) チェルノーゼムの分布地域では小麦やとうもろこしなどの穀物の生産量が多く，穀倉地帯となっている。米は主に熱帯，温帯の多雨地域，小麦・とうもろこしは温帯，亜寒帯の雨の少ない地域で栽培が盛ん。
(5) ③ 乾燥地域で大規模な作物栽培と省力を両立するため，地下水をくみ上げて回転する散水管で農地にまく灌漑農法である。アメリカ合衆国のように地下水位の低下が起こるケースもみられる。

5 **解答** (1) 温暖湿潤気候 (2) **ウ** (3) **イ**
(4) 東京 **S** **B** **Q** (5) **X** 食（料） **Y** 飼料
(6) オリーブ
解説 (1) 東京は，年平均気温が約16℃，年降水量が約1600 mmと覚えておくと，他地域との比較に便利。
(2) 温暖湿潤気候の地域は，適度な気温と降水に恵まれ穀物生産が盛んなことから，人口集中地帯となりやすい。米の二期作は，主に夏季に高温多雨となる熱帯モンスーン気候（弱い乾季のある熱帯雨林気候）の地域で行われることが多い。
(3) アテネは地中海性気候，クンミンは温暖冬季少雨気候，ロンドンは西岸海洋性気候に属する。
(4) アテネは**P**，クンミンは**R**に当てはまる。
(5) 輪作とは，「かぶ→大麦→クローバー→小麦」のように，同じ土地で別の農作物を数年に1回のサイクルで耕作する方法。特定の害虫の大量発生を防ぎ，土壌の養分や微生物のバランスを保ち，連作障

害も防ぐことができる。

6 **解答** (1) **X** 亜寒帯（冷帯）湿潤

Y 亜寒帯（冷帯）冬季少雨（亜寒帯夏雨）

Z ロシア

(2) **A** ツンドラ気候 **B** 氷雪気候

(3) 地球**C**の位置の時 様子 **イ** 名前 白夜

地球**D**の位置の時 様子 **ア** 名前 極夜

(4) **E** 永久凍土 **F** タイガ

解説 (1) **Y** 亜寒帯冬季少雨気候は，ユーラシア大陸北東部に分布し，気温の年較差は各気候区分の中で特に大きい。

(3) 太陽光が地上に当たる角度から，日本は地球**C**の位置で夏，地球**D**の位置で冬となることをイメージできるとよい。地球は1日に1回転する（自転）するが，地球**C**の位置では北極圏は1日中太陽側に傾いており，地球**D**の位置では南極圏が1日中太陽側に傾いている。

(4) 永久凍土は亜寒帯・寒帯にまたがって分布する。また，タイガは永久凍土では生育しにくい。

7 **解答** ① 熱帯雨林

② 熱帯モンスーン（弱い乾季のある熱帯雨林）

③ サバナ

④ 温暖冬季少雨（温帯冬季少雨，温帯夏雨）

⑤ 地中海性 ⑥ 温暖湿潤 ⑦ 西岸海洋性

⑧ 亜寒帯（冷帯）湿潤

⑨ 亜寒帯（冷帯）冬季少雨（亜寒帯夏雨）

⑩ ツンドラ ⑪ 氷雪 ⑫ ステップ ⑬ 砂漠

解説 太陽エネルギーの当たり方によって気候帯の分布が層状になっている。さらに，乾燥帯に接する熱帯地域は冬季に乾季を伴うサバナ気候，乾燥帯に接する温帯地域は，夏季に乾燥する地中海性気候になる傾向にあることなど，さまざまな気候要素や気候因子と結びつく。

```
定期テスト対策問題② p.66～67
```

1 **解答** (1) **A** 侵食平野 **B** 卓状地

C 沖積平野 **D** 三角州（デルタ） (2) ケスタ

(3) **ア** (4) 自然堤防・三日月湖

解説 (2) ケスタは，緩傾斜した硬軟層が不均一に侵食されて形成された地形。

(3) **ア** 扇状地は，砂礫が堆積する扇央部で水はけがよいため水無川となりやすく，果樹栽培に適している。

イ 重い岩や石は扇頂に近いところでとどまり，扇端には粒の小さい砂礫が堆積する。

ウ 湧水帯は扇端でみられる。

2 **解答** (1) c (2) 乾燥帯 (3) **イ**

(4) **L** カ **M** ア 恒常風 偏西風 (5) **Z**

解説 (1) 赤道は，アフリカのギニア湾やケニア，東南アジアのスマトラ島，南アメリカのエクアドルなどを通ることをおさえる。

(2) オーストラリアは，北端に熱帯域，東～南岸に温帯域がみられ，ほかの大部分を乾燥帯が占める。

(3) 気温は6～8月に高く，12～2月に低いことから，北半球の都市であるとわかる。また，夏季に降水量が少なく冬季に多くなっているため，地中海性気候の都市であると判断する。**イ**はギリシャのアテネ。

(4) どちらの雨温図も気温の折れ線グラフが凸型になっていることから北半球の都市だとわかる。また，雨温図**L**は年較差が極めて大きく，冬季に乾季がみられるため，亜寒帯（冷帯）冬季少雨気候の都市（**カ**のロシアのウラジオストク）であると判断する。雨温図**M**は，温暖ながら気温の変化が小さく，降水量も年間を通じてほぼ一定である。そのため，恒常風である偏西風の影響を受ける都市（**ア**のフランスのパリ）だと判断する。

(5) 肥沃な土壌のテラローシャが分布するブラジル高原で栽培がさかんなコーヒー豆の写真であるため，地図中の**Z**が当てはまる。**X**は小麦の穀倉地帯が広がるチェルノーゼム，**Y**は綿花地帯を形成するレグールの分布域をそれぞれ示す。

3 **解答** (1) **X** 沈降 **Y** 隆起

(2) **A** 環礁 **B** 二酸化炭素 **C** ドリーネ

D 石灰 (3) **ア** (4) フィヨルド（多島海）

解説 (2) **B・D** 石灰岩の主成分の炭酸カルシウムは，二酸化炭素を含む水に反応して溶けやすい。このような化学的侵食を溶食という。

(3) 日本の海岸平野は砂浜海岸（浜）となっているところが多く，海水浴場などに利用されている。直線的な海岸では沿岸流により船が流されないための港が必要で，海底が浅い砂質だと突堤を造成するのみの港では大型船が寄港できない。そのため，北海道の苫小牧や茨城県の鹿島のような，陸地が掘り込まれた港が造成される例がみられる。局地的に海底砂を掘り込んでも周辺から漂砂が流入するため，その流れを調べて防砂堤で止めるなどの対策が必要となる。

探究問題② p.68〜69

1 **解答** (1) 乾燥 (2) **ア** 上昇 **イ** 下降
(3) **A** **ク** **B** **カ・キ** (4) **シ** (5) **チ・テ**

解説 (3) **A**が示す砂漠は，日本列島と比べると東北地方より高緯度に位置していることが読み取れ，回帰線付近の亜熱帯高圧帯から外れていることがわかる。そのため，**カ**の「亜熱帯高圧帯の影響下にあること」は当てはまらない。**カ**は**B**の砂漠に当てはまる。そして，**A**の砂漠は内陸部にあり，季節風などによって湿った空気が入り込みにくいことから，**ク**の「海岸から離れすぎて，海洋の湿った空気が供給されにくいこと」が当てはまる。また，**B**の砂漠は沿岸部にあり，沖合に寒流（ペルー海流）が流れていて上昇気流が発生しにくいため，**B**には**キ**の「沖合を寒流が流れることで，大気が安定していること」も当てはまる。

(4) ハイサーグラフの縦軸は月平均気温を，横軸は月降水量を示す。**サ**は温暖湿潤気候の東京のグラフ。**シ**は砂漠気候のリヤドのグラフで，1年を通じて降水がほとんどないことに注目する。**ス**は亜寒帯冬季少雨気候のイルクーツクのグラフ。

(5) **タ**はカカオで，赤道付近の熱帯地域で栽培される。**チ**はなつめやしで，乾燥帯のオアシス付近で栽培される。**ツ**の稲は高温・多雨な気候で栽培される。**テ**は小麦で，乾燥帯のステップ気候には，ウク

ライナ〜ロシア南西部にかけてのチェルノーゼムとよばれる肥沃な黒土が広がる地域など，小麦の生産地として世界的な穀倉地帯がある。

第3部 産業・言語・宗教と人々の暮らし

| 第1章 | 産業と人々の暮らし

STEP 2 基礎チェック問題 p.71

解答 ❶ 栽培限界 ❷ 灌漑 ❸ 客土

❹ 自給的農業 ❺ 商業的農業 ❻ 企業的農業

❼ フィードロット ❽ 緑の革命

❾ 遺伝子組み換え作物（GMO） ❿ 産業革命

⓫ 付加価値 ⓬ 国際分業 ⓭ 多国籍企業

⓮ コンテンツ産業

STEP 3 単元マスター問題 p.72〜73

1 解答 ア 社会条件 イ 寒冷 ウ 乾燥

解説 ウ 降水量の極めて少ない砂漠では，農産物の栽培は難しい。

2 解答 (1) ア 集約的稲作 イ 遊牧
ウ プランテーション (2) ウ

解説 (1) ア 東アジア，東南アジア，南アジアのモンスーン（季節風）の影響が及ぶ地域をモンスーンアジアとよぶ。

イ 遊牧は非農耕地域の乾燥地域やツンドラ地域などで，水や草地を求めて家畜とともに移動する牧畜。主に家畜を運搬・移動手段として利用するほか，乳，肉，皮，骨，糞などを生活に利用している。現在は遊牧民の定住が進んでいる。

3 解答 ア 産業革命 イ 軽 ウ 重
エ 重化学 オ 先端技術 カ サンベルト

解説 カ サンベルトは温暖な気候に加え，安い土地と労働力に恵まれていたため，工場が進出した。

4 解答 ア 国際分業 イ グローバル
ウ 多国籍企業 エ ベンチャー オ コンテンツ

解説 ア 国際分業の例として，航空機や自動車などが挙げられる。

ウ 多国籍企業の航空機会社として，アメリカ合衆国のボーイング社やフランスに本社があるエアバス

| 第2章 | 言語・宗教と人々の暮らし

STEP 2 基礎チェック問題 p.75

解答 ❶ 民族 ❷ 少数民族

❸ 民族国家（国民国家）

❹ 多民族国家（複合民族国家） ❺ スイス

❻ 宗主国（旧宗主国） ❼ スペイン語

❽ ポルトガル語 ❾ キリスト教

❿ コーラン（クルアーン） ⓫ 豚

⓬ ハラールフード ⓭ 民族宗教 ⓮ ヒンドゥー教

⓯ エルサレム

STEP 3 単元マスター問題 p.76〜77

1 解答 ア 宗教 イ 少数民族

解説 人間を髪の毛・目・肌の色など身体的特徴で分類したものを人種，言語・宗教・習慣など文化的特徴で分類したものを民族という。

2 解答 (1) ア 国語 イ 公用語
ウ 植民地 エ スペイン オ ポルトガル
(2) カ 中国 キ 英
(3) A ドイツ語 B フランス語

解説 (1) ウ アフリカのガーナ，ケニア，ナイジェリアは，いずれもイギリスが旧宗主国であり，英語が公用語である。

(2) シンガポールは1965年にマレーシア連邦から分離独立をした都市国家である。現在，東南アジアの経済をけん引し，金融・情報サービス産業が発達して，英語がビジネス語として使用されている。4つの言語が学べることから留学生が多いことも特徴である。なおマレーシアでは，1971年からマレー人の経済的・社会的な地位の向上を目指すブミプトラ政策を推進している。

3 解答 (1) ア キリスト教
イ イスラーム（イスラム教） ウ ヒンドゥー教

エ　仏教

(2)　**A　ア　B　エ　C　イ　D　ウ**

(3)　**ア　メッカ　イ　豚**

ウ　ラマダン（ラマダーン）

解説 (1)　**ア**　キリスト教はユダヤ教から分かれて発展した宗教であり，西ローマ帝国のカトリック，ビザンツ帝国の正教会とヨーロッパを二分する形で分布した。その後16世紀のルターなどによる宗教改革でドイツを中心とするヨーロッパ北部と西部でプロテスタントが広まった。現在，地中海地域の南ヨーロッパではラテン系言語とカトリック，東ヨーロッパではスラブ系言語と正教会（東方正教会），北西ヨーロッパではゲルマン系言語とプロテスタントが分布している。

ウ　カーストは，バラモン（司祭階級），クシャトリア（王侯・武士階級），ヴァイシャ（庶民階級），シュードラ（奴隷階級）の4身分に代表される。

(3)　**ア**　イスラームの三大聖地は，メッカ，メディナ，エルサレムである。そのうち最大の聖地は，イスラームの開祖であるムハンマドの生誕地であるメッカ。

ウ　断食はイスラーム暦の第9の月に約1か月間行われ，この第9の月をラマダン（ラマダーン）という。この期間は，日の出から日没まで一切の飲食をしない。

定期テスト対策問題③　p.78〜79

1 **解答** (1)　**ア　キャッサバ**

イ　商品作物　ウ　灌漑　エ　遊牧

オ　フィードロット (2)　**A　①・③・④**

B　⑤・⑥　C　②・⑦ (3)　**高収量品種**

(4)　**カ**

解説 (3)　緑の革命により高収量品種の導入が進み，食料不足は改善された。しかし，灌漑設備や肥料，農薬の投下には資金が必要になるため，農民間の貧富の差は拡大した。

2 **解答** (1)　**ア　付加価値　イ　知識**

ウ　技術輸出　エ　脱工業化　オ　3

(2)　青いバナナ（ブルーバナナ）　(3)　**エ**

解説 (2)　青いバナナは，ヨーロッパで最も産業が発達・集積している地域。この地域を囲んだ形がバナナに似ていることと，EUのシンボルカラーが青であることにちなみ，このようによばれている。

(3)　1970年代以降，北緯37度以南に先端技術産業が発達した。北緯37度以北の五大湖周辺地域をスノーベルト（フロストベルト）とよぶ。

3 **解答** **ア　カトリック　イ　メッカ**

ウ　菜食主義者（ベジタリアン）

解説 **ウ**　ヒンドゥー教徒には不殺生の教えから，菜食主義者が多い。

探究問題③　　　　　　　　p.80〜81

1 **解答** (1)　**ク** (2)　**②**

解説 (1)　**ア**はインドで，1990年の生産量が表中の6か国で最も少なかったが，経済成長により鉄鋼需要が上昇したことから判断する。

イは1990年の生産量が最も多く，その後も2010年までは安定した生産量を維持したことから，国内需要が高く，輸出の盛んな日本だとわかる。

人口が少なく国内市場が狭い韓国は，この表の国の中では比較的粗鋼生産量が少ない**エ**だと判断する。残る**ウ**はアメリカ。

(2)　①　1990年と2020年を比較すると，約16倍に増加していることがわかるので正しい。

②　生産する目的が，国内需要を満たすことのみではなく，輸出して外貨を得ることもあるため誤り。

③　1991年のソ連崩壊により社会主義体制が崩壊し，経済的混乱・低迷が生じたので正しい。

④　ウラル山脈以東のシベリアや，カムチャッカ半島などで原油と天然ガスの採掘が行われている。原油の産出量は世界第3位（2021年），輸出量は世界第2位（2019年），天然ガスの生産量は世界第2位，輸出量は世界第1位（2020年）である。

2 **解答** (1)　**ア　②　イ　①　ウ　④**

(2)　**ク**

解説 (1) **ア** キリスト教は宗教人口が最も多く，大航海時代にスペインやポルトガルが南アメリカに進出し植民地としたことや，イギリスやフランスがアフリカへ進出し植民地としたことで広がった。

イ 身を清めるため，多くのヒンドゥー教徒がガンジス川で沐浴を行う。

ウ 仏教には大きく中国や朝鮮半島などに伝播した大乗仏教，タイやミャンマーなどに伝播した上座仏教，チベット仏教に分けられる。

(2) **ク**が誤り。キリスト教はユダヤ教から分派したもので，キリスト教とユダヤ教は互いに別の宗教として取り扱う。

カ イスラーム（イスラム教）は主に中央アジア・西アジア・北アフリカに分布し，インドネシアが最大の人口を誇っている（約2億4,000万人）。

キ 地図で見ると仏教のほうが多く感じるが，宗教人口の割合では，ヒンドゥー教が15.2%，仏教が6.6%（2022年）と，ヒンドゥー教のほうが多いことに注意。

第4部 地球的規模の課題と国際協力

| 第1章 | 持続可能な社会と地球環境問題

STEP 2 基礎チェック問題　p.83

解答 ❶ 持続可能な開発目標（SDGs）
❷ 南北問題　❸ 南南問題　❹ 政府開発援助（ODA）
❺ 非政府組織（NGO）　❻ 非営利組織（NPO）
❼ 大気汚染　❽ 酸性雨　❾ オゾン層
❿ 砂漠化　⓫ サヘル　⓬ 熱帯（雨）林
⓭ 焼畑農業（焼畑，移動耕作）
⓮ プランテーション　⓯ 地球温暖化
⓰ プラスチックごみ

STEP 3 単元マスター問題　p.84〜87

1 **解答** ア　国連（国際連合）
イ　取り残さない　ウ　発展途上　エ　先進
解説 ア・イ　持続可能な開発目標（SDGs）は，
2030年までの目標として掲げられている。
ウ・エ　工業化が進み経済が発展している先進国に
対して，発展途上国は経済発展が低水準で，経済成
長の途上にある。

2 **解答** ア　南北　イ　南南
解説 多くの先進国が北半球にあり，発展途上国
の多くはそれより南に位置することから南北問題と
よばれる。

3 **解答** ア　ODA　イ　JICA　ウ　NGO
エ　NPO
解説 ODAは資金が豊富で大規模な支援が可
能。NGO・NPOは資金が豊富ではないが，地域
に根ざした活動をしやすい。

4 **解答** (1) ア　酸性雨　イ　オゾン
ウ　フロン　(2) C　(3) 偏西風
(4) オゾンホール
解説 (3) 偏西風は，西寄りの恒常風である。

(4) オゾンホールが主に南極上空にできるのは，冬
季に太陽光がほとんど当たらず，成層圏が極めて低
温になることが関係する。

5 **解答** (1) ア　砂漠化　イ　熱帯（雨）林
ウ　二酸化炭素　エ　酸素　(2) ②・③
(3) カ　焼畑　キ　プランテーション
ク　マングローブ
解説 (3) 油やしからはパーム油が採れ，加熱と
酸化に強い性質から，スナック菓子の揚げ油，アイ
スクリームやマーガリン，洗剤やシャンプーなど多
岐にわたって私たちの生活の中で使用されている。

6 **解答** (1) A　化石燃料　B　温室効果ガス
C　プラスチック　D　マイクロプラスチック
(2) ア
解説 (2) 塩類化は，灌漑によって土壌の水分が
急激に乾燥し，塩類の溶けた水分が毛細管現象に
よって地表面に移動し，水分だけ蒸発することで起
こる。

7 **解答** (1) ア　持続可能な開発
イ　気候変動枠組　ウ　京都議定書　エ　パリ協定
(2) カ　電気自動車　キ　アグロフォレストリー
解説 (1) ウ　京都議定書は日本の京都市で締結
されたが，経済成長を重視するアメリカは批准しな
かった。トランプ政権は2015年に採択されたパリ
協定からも離脱したが，次のバイデン政権下で復帰
した。

| 第2章 | 人口問題, 食料問題

STEP 2 基礎チェック問題　p.89

解答 ❶ アネクメーネ　❷ エクメーネ
❸ 出生率　❹ 人口爆発　❺ 少子高齢化
❻ 人口ピラミッド　❼ 富士山型　❽ 釣鐘型
❾ つぼ型　❿ 一人っ子政策　⓫ 移民　⓬ 飢餓
⓭ 飽食　⓮ 食料自給率　⓯ バイオエタノール
⓰ 食品ロス（フードロス）　⓱ フードバンク

1 解答 (1) **A** エクメーネ

B アネクメーネ (2) ア (3) ア・ウ

解説 (3) 古くからモンスーンアジアでは稲作が盛んであり，地中海沿岸では都市文明が繁栄していたため，人口密度も高くなっている。

2 解答 ア 出生 イ 死亡 ウ 教育

エ 晩婚 オ 少子高齢

解説 高齢化が進む先進国では，高齢者の暮らしを支えるための介護施設や医療施設を整備したり，公共施設のバリアフリー化を進めたりする必要もある。

3 解答 (1) **X** 年齢 **Y** 男女

Z 少子高齢 (2) **A** ウ **B** イ **C** ア

(3) ア

解説 (2) 人口ピラミッドにおける「星型」は都市型ともいわれ，企業立地が進むため労働者が多く，その子世代も増えつつある状態のことである。

(3) 人口増加は，自然増加と社会増加の合計である。

4 解答 ア 一人っ子 イ 移民

解説 ア 中国の一人っ子政策は一定の成果を見せたが，急激な少子高齢化などさまざまな問題が生じたため 2015 年に廃止された。中国では都市部で少子化が進んでいるため，2023 年にはインドの人口が中国の人口を上回ると推計されている。

イ 移民には，英語が堪能なインド人が先端技術産業集積地のアメリカ合衆国・シリコンヴァレー（シリコンバレー）で研究職として働くなど，高い能力で高所得を得る人々も多数含まれることに留意する。

5 解答 (1) ア (2) 飢餓 (3) ア・ウ

(4) **D** 商品作物 **E** 干ばつ

解説 (3) アフリカと南アジアには発展途上国が多い。

(4) **D** 商品作物とは，販売を目的として生産する農作物のことである。

6 解答 (1) ア 穀物

イ バイオエタノール (2) **A** 食用 **B** 飼料用

解説 (1) イ バイオエタノールの生産量が増えると，穀物価格の上昇にとどまらず，肉類の高騰，大豆を原料とする豆腐や醤油の高騰など，幅広い食品の高騰につながる。

7 解答 ア 飽食 イ 食料自給

ウ 食品ロス（フードロス） エ 非営利組織

オ フードバンク

解説 イ 日本の食料自給率はカロリーベースで約 40%（2020 年）である。

ウ 例えば賞味期限が 3 か月の食品の場合，残り 1 か月を切ると販売しないという商習慣（3 分の 1 ルール）があり，見直しが進みつつある。

| 第3章 | 資源・エネルギー問題，都市問題

解答 ❶ エネルギー革命

❷ 国際石油資本（石油メジャー）

❸ 資源ナショナリズム

❹ 石油輸出国機構（OPEC）

❺ 石油危機（オイルショック）

❻ 再生可能エネルギー ❼ レアメタル（希少金属）

❽ プライメートシティ（首位都市）

❾ 中心業務地区（CBD）

❿ スラム（不良住宅地区） ⓫ インナーシティ問題

⓬ スプロール現象 ⓭ ニュータウン

⓮ ジェントリフィケーション（都心回帰現象）

1 解答 (1) イ (2) エネルギー革命

(3) **B** 国際石油資本（石油メジャー）

C 資源ナショナリズム

D 石油輸出国機構（OPEC）

E 石油危機（オイルショック）

(4) **X** 石炭 **Y** 石油 **Z** 天然ガス

解説 (1) 第二次世界大戦前まではアメリカ合衆

国が世界一の原油生産量をほこり，戦後に中東の油田開発が進んだ。

(3) **D** OPEC は，サウジアラビアと南米のベネズエラの主導で，イラン，イラク，クウェートを加えて設立された。

E アラブの産油国が結成したアラブ石油輸出国機構（OAPEC）が，1973 年の第四次中東戦争で，イスラエルを支持する先進国に対抗して石油の輸出量を減らし，原油価格をつり上げたことが石油危機の契機となった。

(4) 石炭は古期造山帯に，石油・天然ガスは新期造山帯の付近に分布が多い。

2 解答 ① 太陽光 ② 風力
③ バイオマス

解説 ① 小規模な設備でも発電できる利点があるが，夜間は発電できず，また発電量が天候に左右されやすい。
② 騒音などの問題があるため，住宅地から離れた山間部や沿岸部に風車をつくって発電する。
③ バイオマスの原料であるトウモロコシやサトウキビは，生長過程で光合成によって二酸化炭素を吸収し酸素を排出するため，燃やしても二酸化炭素の量は増えないと考えられている。

3 解答 A ア B ウ C イ D エ

解説 **A** 石炭の産出が豊富な国は火力発電が盛んである。日本は 2011 年の福島第一原子力発電所の事故以降，火力依存が再び強まった。
B カナダは山脈からの雪解け水が，ブラジルは流域面積が広いアマゾン川の水量が豊富なため，水力発電が盛ん。
C フランスは国策で原子力発電を推進している。
D ドイツは偏西風が強く吹くため，新エネルギーの風力発電が盛んである。

4 解答 (1) A 鉄鉱石 B 銅
C ボーキサイト (2) レアメタル（希少金属）

解説 (2) コバルトやクロムなどをレアメタルと呼ぶのに対して，鉄や銅などはベースメタルと呼ば

れる。

5 解答 ア ロンドン イ ニューヨーク
ウ プライメートシティ（首位都市）

解説 ウ タイのバンコクやインドネシアのジャカルタ，メキシコのメキシコシティなどがプライメートシティ（首位都市）である。

6 解答 (1) ア 中心業務地区
イ インナーシティ ウ スプロール現象
エ ニュータウン オ 再開発
カ ジェントリフィケーション（都心回帰現象）
(2) ① 昼間 ② 夜間

解説 (1) ア 東京では丸の内や大手町などが当てはまる。
イ 失業者の増加や税収の減少，商店街の衰退も起こる。
エ 田園都市構想としてハワードが提唱した。人口3万人程度の職住近接型都市を目指した。
(2) 企業のオフィスや学校が多い都心部は昼間に人口が流入し，住宅地には夜間に人口が戻る。

7 解答 (1) A プライメートシティ（首位都市）
B インフラ（インフラストラクチャー，社会資本）
(2) ア・イ・ウ・エ (3) スラム（不良住宅地区）

解説 (2) 都心回帰現象は，再開発などによって人口が都心部に戻ることである。

8 解答 ア ドーナツ化現象
イ ニュータウン ウ スプロール現象
エ 再開発

解説 イ 高度経済成長期に建設されたニュータウンが，現在は経年によって住民の高齢化が進み，地域社会の維持が困難になる問題が発生している。

定期テスト対策問題④ p.100～101

1 解答 (1) SDGs (2) A × B ×

C ○ D ○ (3) **I** NGO（非政府組織）

II プランテーション **III** ウ

IV イ・ウ・エ **V** ウ **VI** 食料

解説 (2) **A** バイオエタノールの原料となるサトウキビなどの植物は，生長過程で光合成によって二酸化炭素を吸収する。そのため，燃やしても地球全体の二酸化炭素の量は増えないとされている。

B 反対に食料不足を招く要因となりうる。

C スナック菓子の袋にはプラスチックが使用される場合が多いので，削減の効果は大きい。

D アフリカなどではカカオ栽培の労働力として子どもが利用され，教育の機会も奪われるため，将来ほかの職に就きにくくなる。

(3) **III** 工業化が進む国ほど原油・石炭の輸入量は多くなる傾向にある。**ア**はサウジアラビアがあることから「原油の産出量」と判断。アメリカ合衆国は原油の産出量も輸入量も多いため，**ウ**が「原油の輸入量」。また，中国とインドは石炭の産出量も輸入量も1・2位であるため見分けにくいが，**イ**で3位の日本は現在石炭の産出がほとんどないことから，**イ**が石炭の輸入量と判断できる。

IV 地熱発電は，火山活動による地熱の層から蒸気や熱水を取り出して，その力でタービンを回して発電する。

V 富士山型の人口ピラミッドは発展途上国に多くみられる。

2 **解答** (1) **ア** プライメートシティ（首位都市） **イ** スラム（不良住宅地区）

ウ インナーシティ **エ** 再開発

オ ジェントリフィケーション（都心回帰現象）

(2) スプロール現象 (3) ①

解説 (3) ②は群馬県，③は神奈川県，④は埼玉県。東京都は通勤・通学での人口流入が多いため，夜間人口に対して昼間人口が多い。一方，東京都周辺の神奈川県や埼玉県は東京都へ通勤・通学する人が多いため，夜間人口に対して昼間人口が少ない。

1 **解答** (1) **ア** ガーナ **イ** ブラジル

ウ 日本 (2) ①・③

解説 (1) **ア**～**ウ**のグラフをみると，**ア**は都市人口率が通年で最も低いものの，「100人あたりの移動電話契約数」（以下，移動電話契約数）は2000年から2018年にかけて急伸していることからガーナが該当する。産業の発展が進まず，モノカルチャーが進む発展途上国は，都市の整備も進まず職も少ないことから，地方の村を離れて都市に人口が十分に集まっていない。

イは2000年時点で都市人口率が最も高く，移動電話契約数が2010年から2018年までの8年間で微減していることからブラジルが該当する。移動電話契約数は，違法端末の取り締まりの強化が一因で微減したと考えられる。

ウは，2000年から2010年にかけての都市人口率の伸びが著しく，2018年には両指標とも3か国中最も多くて高いことから日本が該当する。2000年から2010年にかけて市町村合併が進み，市域が増加した結果，都市人口率が急伸した。移動電話の普及は一人一台以上と進んでいる。

(2) ① 前半の「アフリカでは，通信設備設置のコストの面から固定電話の普及が進んでおり」は誤りである。固定電話のように大規模な設備がなくても導入しやすい移動電話がアフリカで急速に普及した。アフリカに多い発展途上国では，この約20年間で100以上値が上昇している例も珍しくない。なお，後半部分の「ガーナの100人あたりの移動電話契約数は，すべての年次で3か国中最も低い」も縦軸と横軸を誤認した発言で誤りである。

③ 「2010年から2018年にかけて都市人口率が約50%上昇」は，グラフの縦軸と横軸を誤認した発言で誤り。

2 **解答** (1) **A** 豚肉 **B** 牛肉 (2) ③

解説 (1) アメリカ合衆国やブラジル，オーストラリアなど，フィードロットによる肉牛の生産で有名な国々が多量になっている**図B**が牛肉であると判

断できる。牛を神聖とするヒンドゥー教徒が多数を占めるインドで牛肉生産が一定量みられるのは，約14億人のうちのおよそ2割は非ヒンドゥー教徒であり，牛肉の国内需要が十分に存在するからである。

図Aは，イスラム圏に全く分布がないので豚肉と判断できる。豚肉の世界の生産量の半分弱は中国が占めている。

(2) 経済発展により生活水準が向上した中国などでは，肉の消費量が増加し，食用ではなく飼料用の穀物需要が急増しているので，誤り。

| 第1章 |　日本の地形

STEP 2　基礎チェック問題　　p.105

解答 ❶ 弧状列島　❷ 南海トラフ　❸ 日本海溝

❹ 中央構造線（メディアンライン）

❺ 日本アルプス　❻ フォッサマグナ

❼ 糸魚川・静岡構造線　❽ 急

❾ 沖積平野（堆積平野）

STEP 3　単元マスター問題　　p.106～107

1 解答 (1) ア ①　イ ③　ウ ②
エ ④

(2) カ ③　キ ⑩　ク ⑧　ケ ⑬　コ ⑪
サ ⑤　シ ⑥

解説 (1) 南海トラフ・南西諸島海溝は，ユーラシアプレート（大陸プレート）の下にフィリピン海プレート（海洋プレート）が沈み込んで形成された。日本海溝は，北アメリカプレート（大陸プレート）の下に太平洋プレート（海洋プレート）が沈み込んで形成された。

(2) 海洋プレートが大陸プレートの下に沈み込み海溝が形成される。そして，海洋プレートが地下の一定の深さまで沈み込むと，融解してマグマとなる。このマグマの一部が地上に噴出して火山が形成されるため，火山は海溝と並行に分布する。フォッサマグナは東北日本と西南日本を分ける地溝帯であり，その西縁は糸魚川・静岡構造線とよばれる。中央構造線は，九州から四国・紀伊半島を横断する断層線で，西南日本を内帯，外帯に分ける。

2 解答 (1) Ⅴ字谷

(2) 中央構造線（メディアンライン）

(3) ア アマゾン　イ 常願寺　ウ 短　エ 堤防

解説 (1) 吉野川は高知県と徳島県を流れる河川で，Ⅴ字谷が発達している。

| 第2章 |　日本の気候

STEP 2　基礎チェック問題　　p.109

解答 ❶ 季節風（モンスーン）　❷ 南東　❸ 北西

❹ 対馬海流　❺ 親潮（千島海流）

❻ 黒潮（日本海流）　❼ やませ　❽ 梅雨　❾ 冷害

❿ 台風

STEP 3　単元マスター問題　　p.110～111

1 解答 (1) A　小笠原　B　オホーツク海
C　シベリア　(2) 台風　(3) 梅雨前線

(4) ア　季節風（モンスーン）　イ　年較差
ウ　偏西風

解説 (1) 小笠原（太平洋）気団は温暖湿潤の特徴を持ち，夏に発達する。シベリア気団は寒冷乾燥の特徴を持ち，冬に発達する。長江気団は温暖乾燥の特徴を持ち，その大気が移動性高気圧として春や秋に日本に晴天をもたらす。オホーツク海気団は寒冷湿潤の特徴を持ち，小笠原（太平洋）気団と接する境界面には前線（梅雨前線・秋雨前線）が生じる。

(4) 季節風は，大陸と海洋の比熱差（温まり方や冷え方の違いによる熱量の差）によって生じ，夏と冬で風向きが変わる。恒常風の1つである偏西風は中高緯度地域に吹く。

2 解答 (1) 季節風（モンスーン）

(2) A　冬　B　夏

(3) ア　親潮（千島海流）　イ　黒潮（日本海流）
ウ　対馬海流　エ　リマン海流

(4) カ　やませ　キ　東北　ク　冷害
ケ　雪（降雪）

解説 (4) 夏の南東季節風は太平洋から吹く。冬の北西季節風は大陸から吹く。

STEP 2　基礎チェック問題　p.113

解答 ❶ マグニチュード　❷ 震度
❸ 直下型地震（内陸型地震，プレート内地震）
❹ 海溝型地震（プレート境界地震）
❺ 東日本大震災　❻ 阪神・淡路大震災
❼ 関東大震災　❽ 津波　❾ 液状化現象
❿ 土砂災害　⓫ 二次災害　⓬ 自然災害伝承碑
⓭ ハザードマップ

STEP 3　単元マスター問題　p.114〜115

1 **解答** (1) **ア** ①　**イ** ④　**ウ** ⑥
エ ③　**オ** ⑩　**カ** ⑦　**キ** ⑧　**ク** ⑨
(2) 直下型地震　(3) 規模

解説 (1) 日本は，太平洋側に日本海溝や南海ト
ラフなどの溝が存在するため，海溝型地震が発生し
やすい。また，阪神・淡路大震災のように断層の活
動により，直下型地震も生じる。インフラ（インフ
ラストラクチャー）には電気，上・下水道，ガスな
どのライフラインも含まれる。

2 **解答** (1) A　(2) ウ　(3) ク
(4) 現象　液状化現象　発生しやすい場所　①・③
解説 (4) 液状化現象は砂層など水分の多い地域
で生じやすい。

| 第4章 | 　火山・噴火

STEP 2　基礎チェック問題　p.117

解答 ❶ マグマ　❷ 溶岩
❸ 火山前線（火山フロント）　❹ 活火山
❺ 火砕流　❻ 火山灰　❼ 溶岩流　❽ 噴石
❾ 避難シェルター　❿ 冷害　⓫ 地熱発電
⓬ 世界ジオパーク　⓭ シラス台地　⓮ 温泉

STEP 3　単元マスター問題　p.118〜119

1 **解答** (1) **ア** シラス　**イ** カルデラ

ウ カルデラ湖
(2) **A** キ　**B** ク　**C** カ　**D** ケ
(3) 火山前線（火山フロント）
(4) 世界ジオパーク

解説 (2) Aの北海道の有珠山は，洞爺湖の南に
位置する活火山である。Cの熊本県の阿蘇山やDの
鹿児島県の桜島（御岳）は，現在も火山活動が活発
で，噴煙のまきあげや小規模な噴火を繰り返してい
る。Bは長野県と岐阜県の境にある御嶽山で，2014
年の噴火では多くの登山者が犠牲になるなど，大き
な被害を受けた。

2 **解答** (1) **ア** 溶岩流　**イ** 火砕流
ウ 火山灰　**エ** 土石流　(2) 冷害
(3) 避難シェルター（退避壕）　(4) キ

解説 (1) 火山噴火では溶岩流・火山灰・火砕流
などによる被害のほかに，火山噴出物が豪雨などと
ともに流れ下る土石流，大気中に火山灰が滞留して
太陽光を遮ることで生じる冷害などの二次災害も引
き起こされる。
(4) 大規模施設となる地熱発電所は，火山活動が活
発な地域であることに加え，用地確保が容易な場所
に建設される。日本の地熱発電所は九州と東北地方
に集中している。

| 第5章 | 　さまざまな自然災害と防災

STEP 2　基礎チェック問題　p.121

解答 ❶ 気象災害　❷ 高潮　❸ 洪水
❹ 外水氾濫　❺ 内水氾濫
❻ 局地的大雨（ゲリラ豪雨）　❼ 竜巻
❽ 崖くずれ　❾ 地すべり　❿ 土石流
⓫ 雪崩（なだれ）　⓬ 地吹雪　⓭ ホワイトアウト
⓮ 水害　⓯ 共助　⓰ ソフト対策

STEP 3　単元マスター問題　p.122〜123

1 **解答** (1) **ア** 台風　**イ** 梅雨
ウ 洪水（氾濫）　**エ** 高潮
(2) **カ** 雪害　**キ** 雪崩（なだれ）　**ク** 暴風雪

ケ ホワイトアウト

(3) **A** 崖くずれ **B** 地すべり

解説 (1) **エ** 高潮は台風や低気圧の通過により，海水面が上昇すること。

(3) 崖くずれとは集中豪雨や地震などにより，斜面がくずれ落ちる現象。地すべりとは緩斜面において，上部の地層が原形をとどめながらかたまりのまま流下する現象。

2 **解答** (1) ① 外水氾濫 ② 内水氾濫

(2) 減災 (3) 自助 **C** 共助 **A・D** 公助 **B**

(4) 地下調整池（地下調節池）

解説 (1) ② 都市部ではアスファルトやコンクリートの舗装化が進み，豪雨後の雨水は地中に浸透しづらくなる。これにより一気に下水道や河川が溢れ出すことで都市型水害が発生する。

定期テスト対策問題⑤ p.124〜125

1 **解答** (1) **ア** 宮城 **イ** 津波

ウ インフラ（インフラストラクチャー，ライフライン）**エ** 火砕流 **オ** 土石流

(2) **A** フィリピン海プレート **B** 日本海溝

(3) 中央構造線 (4) 液状化現象

解説 (1) **ア・イ** 東日本大震災で発生した津波は，岩手県，宮城県，福島県の沿岸部に甚大な被害を生じさせた。

エ 火山噴火による被害は，火砕流以外に溶岩流や火山灰による被害があることにも注意する。

オ 火山地域のみならず，豪雨時の谷沿いには土石流が発生しやすい。

(3) 中央構造線（メディアンライン）を境に西南日本は内帯と外帯に分けられる。

2 **解答** (1) 北西 (2) 冬 (3) ②

解説 (3) 新潟県上越市の雨温図。日本海側に位置し，冬季の降雪が多い。

3 **解答** (1) **ア** 梅雨 **イ** 秋雨 **ウ** 高潮

エ ヒートアイランド **オ** 暴風雪

カ ホワイトアウト

(2) 地下調整池（地下調節池）

(3) ハザードマップ

解説 (1) **ウ** 台風や低気圧の通過による高潮と地震による津波は正確に区別する。

(2) この空洞に，大雨で付近の河川が増水した際に水をためることで，水害を防ぐしくみとなっている。

探究問題⑤ p.126〜127

1 **解答** (1) ③ (2) 等高

(3) フィリピン海 (4) **ウ**

解説 (1) ③ インターネット上には信頼性の低い情報もあるため，公的機関のウェブサイトを利用し，特定の意図が入らない客観的な公的データを経済センサスなどで得るとよい。

① 適当。市の公式ホームページには人口などの概要を示すページが必ずある。ここから大まかな地域のイメージを得て，調査を始めることは有効である。

② 適当。畑は茶色，工場とその周辺はオレンジなどというように色を決めて地形図を色分けしたものを土地利用図という。一目で市の産業の特色の糸口をつかむことができる。

④ 適当。長年にわたって産業を担ってきた人々は，プラス面だけでなくマイナス面も把握していると考えられる。プラス面ばかりに偏らずに聞き出し，調査結果にバランスよく反映させることが大事である。

(2) 等高線は垂直に横切ると傾斜があり，完全に沿うと傾きがなくなる。地図内の専用アクセス道は，なるべく等高線に沿うようにルートを設定し，登りやすくしていることがわかる。

(3) 瀬戸内海にしわが寄る原因ではなく，基本的な事項である日本近辺のプレートの配置が問われている。瀬戸内海だけでなく大阪湾やその東側から三重県付近にかけて，隆起した部分と沈降した部分が規則的に並んでいる。南海トラフでユーラシアプレートに沈み込むのはフィリピン海プレートであり，太平洋プレートにぶつかりつつ沈むのでやや西寄りに向きを変えているといわれる。これにより陸地が引

きずられ，しわが寄るように瀬戸と灘が連続して形成されている。

(4) **ウ** 妥当。Y地点の山側は等高線が密かつ谷地形になっており，崖くずれや土石流など急傾斜地の崩壊が想定される場所と判断できる。「土砂災害警戒区域（イエローゾーン）」，「土砂災害特別警戒区域（レッドゾーン）」の順に危険度が上がるが，Y地点は後者である。

ア 不適当。津波時の緊急避難場所はある程度の標高が高い場所が大前提で，Wのような沿岸部は適さない。

イ 不適当。Xは標高178.5mの「浄土寺山」山頂付近で，これだけの標高があれば浸水のおそれはないと考えられる。

エ 不適当。福祉避難所は通常，病院や福祉施設が指定される。さらにZ地点は標高が高く，津波のおそれはないものの，徒歩での避難は困難を極める点からも適当ではないとわかる。